老虎基金
朱利安·罗伯逊

〔美〕丹尼尔·A. 斯特拉克曼（Daniel A. Strachman） 著
艾博 译

Julian Robertson
A Tiger in the Land
of Bulls and Bears

中国人民大学出版社
·北京·

前　言

本书讲述了朱利安·罗伯逊如何管理资金，如何把自己打造成传奇人物的故事。他不断挖掘无效市场的潜能，不断历练，终于斩获巨额利润。他启用华尔街最杰出的精英，业绩不断跑赢大盘，并且成为有史以来最厉害的基金经理之一。对他而言，成功是唯一可以接受的结果。有时候，他会把员工逼到极致，因此，有些员工对他深恶痛绝。对于那些孜孜不倦地工作的员工，他的奖励是拍拍他们的后背，再发放相当可观的奖金。他满怀无穷的动力，有着不惜一切代价想要成功的意志，并曾经打造出那时最成功的对冲基金和资金管理公司。他对全世界的资金管理方法产生了巨大的影响。然而，他的成功也招致嫉妒。很多人认为，嫉妒也是他最后失败的导火索。

本书讲述了他作为基金经理，从带领一个不足20人的团队、管理着仅800万美元的资金开始，最终如何打造出员工过百、管理着价值超过210亿美元资产的公司。本书讲述了这家公司如何从一个秉持"共赢、同乐"原则的家族小企业，发展成为一个不乏内斗和贪婪的巨型投资管理公司。公司经历了起起落落。起初是成长的痛苦、挫败的感受和文化的冲突。在21世纪之初,动摇证券市场的技术股票泡沫破裂之时,公司也随之分崩离析。

这就是朱利安·罗伯逊和他的老虎基金的故事。

对罗伯逊的差评很多——傲慢、抠门、粗鲁、固执。但也有人认为他和蔼可亲,极具美国南方人的魅力。虽然还有很多他的同龄人、前同事和好朋友也都说了很多好话,但有一点是可以肯定的:他是个复杂多面的人。

跟华尔街的人交谈,得到大家对他的如下评价:"他比别人更懂得吸取以往的历史经验";"跟他在一起,你永远摸不清他在想什么";"他很会挖坑,别人都心甘情愿往里跳";还有,"他绝对是个另类"。这样的评价夹杂着的是赞扬、嫉妒,还有某种程度的恐惧。

股市内外,人们对他的工作无不赞叹。但也有很多人在赞叹之后,立刻送上一些恶毒的"不可公开"的评论。

罗伯逊可以把一整列的数字心算出来,知道投资组合的收益涨跌几许,精确到几分几厘(还记得达斯汀·霍夫曼在电影《雨人》中瞬间数出掉落在地上的火柴的数目吗?)。不过,罗伯逊记人名的功夫却不那么灵光。

他骨子里天生就带着竞争的血液,做交易、做投资的时候如此。在日常生活中,比如说,在打高尔夫球这样的休闲时刻,他体内竞争性的血液也在沸腾。他把这项"爱好"提升到了某个高度,甚至请世界级的高尔夫球场设计师来设计球场。在打高尔夫球方面，他没有什么天分，在球场上的表现也不如人意，但是他可以把简简单单的一场球搞得鸡飞狗跳。有些朋友和前同事说，他们都极不喜欢跟他打球，因为他不堪忍受一洞球的挫败，更别说整场球了。

很明显，罗伯逊在要做的所有事情中都要争第一。对于那些挡在他面前的人，他会毫不犹豫地进行打击、碾压，直到他自己脱颖而出，成为第一。

为了全面了解罗伯逊和老虎基金对于对冲基金行业的重要性，以及了解贪婪、暴力的华尔街，我们需要首先来看看对冲基金是怎么来的，这个行业是如何演变到如今这个现状的。

70多年来，源于华尔街的对冲基金，发展到了世界的几乎每一个角落。虽然说这并不是20世纪金融界最重要的发展，但是对冲基金这一概念及投资工具对美国乃至全世界范围的资金管理，产生了永久性的影响。

对冲基金是一种很好的平衡器。不论教育程度、经验、天赋或技巧，任何人都可以设立一只对冲基金，并有机会挣到数百万美元。对冲基金是在1949年由从社会学家转型成为记者的阿尔弗雷德·温斯洛·琼斯首创。用这样的方法，对冲基金经理可以比传统的投资经理多赚很多钱。因为琼斯对运营费用的安排——通常为1%的管理费和20%的利润抽成——业绩好的对冲基金经理就有可能赚得大笔钱。

由于机会无限，对冲基金这50多年来发展神速。根据美国证券交易委员会的资料，在2004年中期，大约有6 000家对冲基金公司，管理着数千亿美元的资金。不过，刚开始的时候，情况并不顺利。对冲基金出现后的40多年里，只有少数几位对冲基金经理在操作如此模糊又获利甚丰的投资方法，他们还使得这样的方法秘不外传。

很多人相信，对冲基金的获利高于一般水平，是因为它吸引了最厉害、最聪明的人，并且，其方法确实能够快速挣钱。他们认为，共同基金永远留不住最厉害的人，因为对冲基金的回报更高。对冲基金经理及其团队可以分享基金所获得的利润；共同基金经理则只根据所管理资产的多少来抽成，而不是根据他们的业绩。

近年来，随着华尔街较好的交易型合伙企业纷纷上市，它们向市场提供的流动性和风投资金今非昔比。对冲基金正好进入，填补了这一空缺。流动性一直是由华尔街最好、最重要的公司提供的，如高盛、摩根士丹利、所罗门兄弟等。但这些公司上市后，它们必须对个人投资者负责。它们不再可能像私营公司那样，可以容忍极高的风险。因此，市场上出现了空缺：这些公司无法继续操弄那些曾被它们玩弄于股掌的交易手段，也无法为了巨大的利润而冒险（即便是可控的风险）。因为如果失败，损失可能是巨大的。于是，它们开始立下规矩，它们的交易因此变得不再那么有趣，它们的操作也变得相对单调，只需要纯粹的代理公司和清算机制就可以了——虽然赚的钱很多，却相当乏味。

如今，对冲基金已经成为资本市场非常关键的一部分，因

前言

为它们为全球资本和衍生市场提供了很大一部分的流动性和风投资金。有人可能会说，对冲基金给全球金融市场带来了巨大的灾难，但是，它们却给市场生态系统提供了重要的给养，并且对各方都有好处——经理、投资者、服务供应商等。

在20世纪60年代的大部分时间以及70年代较长的时间里，琼斯的几个合作伙伴还有其他几家公司主导了对冲基金市场。但在70年代后期和80年代初期，琼斯放慢了脚步，三个后起之秀接棒，把该"火炬"广而传之，使对冲基金的火种不至灭绝。

这三位后起之秀就是：乔治·索罗斯，迈克尔·斯坦哈特，还有朱利安·罗伯逊。他们才是真正意义上的现代对冲基金的创始人。起初，全世界的基金经理都对他们三人和他们的公司充满羡慕嫉妒恨。即使他们三人已经退休很久了，也都把资金退还给了投资者，业界对他们的嫉妒程度依然不变。

虽然他们三人都远离了对冲基金的聚光灯，但是，一朝搞对冲基金，一辈子都会搞对冲基金。媒体和公众可能认为他们都已退休，因为他们把基金都解散了，把资金都退还给了投资者，他们目前以元老自居。不过，如果你去他们的办公室瞧一瞧，就会发现事实绝非如此。

在市场中，他们仍然活跃得很。尽管他们把资金都退还给了投资者，但他们才不会卷铺盖回家，而是依然积极参与全球的市场，以其他的方式、方法和形式交易着或管理着资金。

在2004年初春之时，老虎基金的前雇员们仍管理或监管着对冲基金中10％以上的资金。也就是说，虽然罗伯逊自己的对冲基金已于2000年关闭，但4年之后，他的影响仍然存在。

尽管索罗斯和斯坦哈特极力想要摆脱仍在对冲基金里冲锋陷阵的形象，并以慈善家的高度展现于世人面前，以留名青史，但罗伯逊在对冲基金界一直是个活跃分子。如前所述，对冲基金的"火炬"已被传给其他的后起之秀，如蓝山资本的约翰·格里芬、孤松资本的史蒂芬·曼德尔，还有麦弗里克基金的李·恩斯利。这些对冲基金都非常杰出，它们的共同特点是——都是老虎基金所生出的"小虎队"基金。

罗伯逊及其老虎基金的真正成功之处，并不限于暴涨的业绩和管理天文数字般的资金。罗伯逊的成功，将由老虎基金生出的"小虎队"所打下的江山来证明。这样的成功，使索罗斯和斯坦哈特在罗伯逊面前相形见绌。虽然索罗斯和斯坦哈特经营的公司也很成功，但它们都没能像老虎基金那样创造出一台"成功经理制造机"，不断培养出成功的基金经理。

业界观察人士及多个私募基金的投资董事亨特·泰勒说过："罗伯逊对于对冲基金界的影响还会持续很多年。他创立了一个工厂，但他制造的不是小器件，而是优秀的基金经理。当前就有30~40位经理正在成功地运营着一些对冲基金，他们都是从老虎基金出来的人。罗伯逊所做到的事情，确实不可思议。"

本书描述了从琼斯手里接过"火炬"的罗伯逊，如何打造出一家最成功、最令人敬畏的对冲基金公司的故事。书中还介绍了他如何把自己打造成一位传奇人物，不断培养成功的基金经理，以及他将如何对今后管理资金的方式持续产生影响。罗伯逊不仅荣登 20 世纪最杰出的交易者和基金经理之榜，还是华尔街最佳导师之一，带给大众很多启发。但是，成功的交易和重大启发，伴随着的是沉重的代价。本书就来详细介绍罗伯逊和他的老虎基金，以及他对对冲基金行业的影响。

目　录

1　商品铜交易一战成名 ················· 1

因为研究正确，所以他坚持持仓的信念也是正确的，不论市场如何，不论业界的同行们如何。他掌握了正确的信息，他坚守了自己的决定，然后，丰厚的利润滚滚而来，同时，他也赢得了一个名号。

2　猛虎的诞生 ························· 14

罗伯逊在海军服役的经历让他懂得对自己的行为负责、对自己下属的行为负责。他学到了当个好领导的价值，以及获得下属的尊敬的价值。这对他后来创立并管理老虎基金都有很大影响。

3　华尔街里的南方佬 ··················· 27

他还弄懂了大家所说的"市场"——其实并不存在。他的理解是，人们所说的"市场"不过是一些公司在不同的地方进行交易。他逐渐相信，想玩弄市场的人不可能真正赚到钱。

4 猛虎找到新的猎场 ·· 41

　　虽然在公司里，对于哪些投资可以进行、哪些投资不可以进行，最终都是由他来决定，但他会充分利用来自优秀学校的优秀人才。他会训练他们，让他们就一个观点或问题去问很多的问题，找出很多的答案，永远如饥似渴地学习和掌握信息。

5 猛虎开始咆哮 ·· 49

　　全球宏观交易中有更多的变数，比单纯做空/做多证券要复杂得多。其中最大的变数之一是政治风险，以及评估政治风险的能力。

6 1987年股灾 ··· 74

　　罗伯逊相信，他并不是唯一得出以下结论的投资者：找到极佳的公司比预测市场上涨下跌的时机更容易。

7 新时代的黎明 ·· 100

　　福特汽车公司确实回购了部分股票，但又决定通过积极收购其他公司，而不是只专注于提高股价，来提高股东价值。罗伯逊觉得这太荒谬了。为什么它有机会获得20%～25%的投资回报，却只愿意接受大约4%的投资回报？

目 录

8　老虎与媒体共舞 ················· 120

　　老虎基金无疑是 20 世纪 90 年代初和中期全美"最炙手可热的基金"。经过 11 年的运营,老虎基金所管理的资产达 20 多亿美元,扣除所有费用后,年回报率为 45.6%,而 S&P 500 指数的增长为 30.5%,MSCI 指数的增长为 18.3%。

9　月盈则亏 ······················· 148

　　罗伯逊对快速赚钱或快速产生回报不是那么感兴趣,他更愿意等待利润慢慢到来。他认为,无论是投资股票还是宏观交易,最好的投资通常都需要很长的时间才能实现合理估值。

　　虽然罗伯逊相信价值投资,但他的投资人已经放弃了希望。他知道价值投资最终会带来回报,但他不知道回报什么时候会到来。随着越来越多的失败交易出现,投资人的耐心渐渐丧失了。

10　媒体绞杀老虎 ·················· 168

　　大多数投资者可以观察罗伯逊如何驾驭市场,并从中学到很多东西。优秀的投资者通常是那些坚持成功的风格的人,即使这样的风格可能对他们无效。罗伯逊顽固地坚持自己的风格,时间将证明他是正确的。

11 小虎队 ······ 185

从老虎基金辞职出来创业的35～40名基金经理，在筹集资金和业绩方面，都交出了令人满意的答卷。小虎队成员都有一种不可思议的能力来吸引资金、创建资本帝国。

12 老虎基金留给世人的经验 ······ 203

"有位记者来找我，说他正在研究25位最佳基金经理的故事，其中8位是从老虎基金走出来的人。我们在这个行业拥有这么多优秀的人才，而且我们还有一批新的人才，他们开始在市场上站稳自己的脚跟，并且有着出色的业绩记录。这些加起来，就是我们的传奇故事。"

13 兼济天下 ······ 231

罗伯逊鼓励老虎基金的员工用对待潜在投资机会的敏锐眼光来对待慈善项目和组织，对他们要捐助的资金做出有根据的、经过深思熟虑的决策。这与他们做出投资决策没有什么不同。

附　录 ······ 249
致　谢 ······ 253

商品铜交易一战成名

> 因为研究正确,所以他坚持持仓的信念也是正确的,不论市场如何,不论业界的同行们如何。他掌握了正确的信息,他坚守了自己的决定,然后,丰厚的利润滚滚而来,同时,他也赢得了一个名号。

1994年一个春寒料峭的清晨,老虎基金的创始人罗伯逊和他的分析师们挤在位于曼哈顿的办公室里,面对众多生产商和用户提供的各类报告和资讯,希望能够从中淘到金子。罗伯逊14年前创立了老虎基金,利用股市的多头和空头策略来赢利。如今,是该打入更大的市场、谋取更大的利润了。1994年,罗伯逊的公司起步较慢,但是到了下半年,他的公司和他的基金成了市场上的一个主力。投资者争先恐后地把自己的资金投给对冲基金和交易巨头,砸入近40亿美元之多。此时已经很明显,20世纪90年代注定要成为这些大腕辉煌的10年。

但是,罗伯逊却感到不安。他的头脑里有一个巨大的黑影,这个黑影就是索罗斯。索罗斯早在60年代就创建了自己的公司，此时已是全球金融界的传奇人物，他是基金经理们嫉妒的对象。罗伯逊觉得，要找适合投资的股票，要玩好对冲基金，他的功夫和索罗斯不相上下，但是，他还没有一项壮举能够让他从华尔街成功人士之列脱颖而出，成为世界瞩目的明星。怀着这种对成功的渴望，在每周的投资例会上，他不断从这些报告中苦苦寻觅机会。

突然间，罗伯逊眼前一亮。他感觉商品铜市场有点意思。他看到，过去几周铜价不断上涨，但需求却没有什么变化，甚至有降低的迹象。经过和分析师以及内行人的充分讨论，他断定，需求确实在下降，而且，短期内需求不会有抬头的迹象。为了确保交易成功，他需要更多的第一手信息和数据。他脑海里那台翻动名片的机器开始迅速工作，他在快速筛选哪些人可以提供更多关于商品铜市场的信息，来验证他的判断正确与否。他拿起电话，打给期货交易中介，还跟几位生产商聊了聊，确定了他的判断。数据显示，矿场维持着正常的产量，生产也保持着较好的速度在前进。需求似乎在减弱，看来价格下跌只是时间问题了。

罗伯逊和团队的分析师们整天分析那些来自各处的报告——来自经纪公司的、中央银行的，还有生产商的，等等。他们发现，商品铜价格过高。很明显，价格是由目前的商品供求关系决定的。如果需求下降，价格也会下降。这是供求关系的常识。他的分析团队立刻意识到，这是一个很好的做空机会。

什么叫做空呢?

如果你认为某种证券的价格过高,应该跌下来,那么,你可以跟证券持有人达成一种协议:你付一笔费用,先借用他的证券,并把证券拿到市场上卖出。当价格真的跌下来时,你把证券买回来,还给原来的持有人。你的卖价和买价的价差,扣去交易的费用,就是你的利润。

对老虎基金的人来说,做空这个概念是小儿科了,他们的大多数交易是做空交易,他们的成功大部分也都是做空的结果。对于做空操作,他们驾轻就熟;他们也很有信心,可以找到很好的交易机会。但是,嗅出商品铜市场商机的不只是老虎基金的人,其他投资者也感觉铜价不大对。业界的其他人,如观察人士和其他参与方,还有其他的对冲基金,也都无法理解为什么价格在上涨。他们都觉得价格会拉平。

老虎基金投资者的利益源于极佳的交易操作。基金所属的公司早已不是次级资金管理公司,而是在快速成长为对冲基金界最大的公司之一。罗伯逊及其团队明白,为了保持在业界的地位,他们需要保持他们的业绩。对冲基金为了对得起大量注入的资金,需要不断有极好的业绩,并向目前和潜在的投资者证明,他们能够保持他们的业绩,这样才能吸引更多的资金投入。因此,罗伯逊及其团队需要不断证明,他们不仅能够有效地管理资金,而且他们的能力与被托付的十亿级的资金量是成正比的。

因此,他们不可以出任何差错。他们也聆听各种好的建议和各种好的机会。罗伯逊给他的团队施压,逼着他们到处找寻各种可以纳入投资组合的机会。老虎基金必须是第一名——最好的,而且是最大的。罗伯逊要他的团队能够绝对实现这个愿望。他绝不能容忍别人认为他的公司是被索罗斯公司高大形象所遮盖的小店。他要通过自己的成功来证明自己真正的能量。他需要一项巨型交易来把自己推上至高无上的宝座——这次他所研究的商品铜,似乎就是这么项交易。

基金公司所有投资的关键是"说法"。如果说法靠谱,那么,投资也靠谱。如果没有什么说法,或者,这个说法不容易解释清楚,那这个说法就无法被纳入投资组合。如果说法变了,投资也需要做相应的改变。一切都取决于说法。

罗伯逊有一个坚定的理念:只要关于投资的说法保持不变,那么,投资仓位应该加大。一旦说法发生改变,应该立刻平仓。他手下的交易操作员和分析师们都很清楚老虎基金的运作方法,也知道这正是让罗伯逊和他的基金能够在对冲基金界成为一头猛兽的原因。生意就得这么做,简单又明智。

到底什么叫"说法",请看下面这个例子。假设,你对一张结实的橡木桌子很感兴趣。分析师会告诉你,他在市场上已经搜寻过一遍,评估了相关信息,并得出结论:能以 100 美元买到就算是很好的交易,因为这桌子是精工制造,不会轻易散架。这就是"说法"。于是,你就到店里,想把它买下。但是,你刚用手摸那张桌子,桌面的一角竟然掉了下来。此时,店家会急于把这张破损的桌子出手,标价 20 美元。分析师会觉得,这简直是捡了一个大便宜。他会觉得，能用20美元买下一个值100美元的东西，花点小工夫修修可以了。但是，对于罗伯逊来说，这个"说法"不靠谱。他会说，他绝对不买。精工制造的上好橡木桌子怎么可能有一角会掉下来呢？他还会觉得，有问题的地方不只是那张桌子，分析师的市场调查也有问题。既然这个"说法"已经不成立，那就放弃，找下一个目标。

罗伯逊的这种神秘能力——他非常相信自己和他人——一直是他的特色。这种特色使他在众多基金经理当中脱颖而出，过去如此，现在依然如此。他完全了解自己的强项和弱点，也了解要如何取长补短。当大多数人都知难而退的时候，他却能坚持到底。他还有当下立判重大决定的非凡能力。这种能力不是人人都有的。在老虎基金与众不同的运作过程中，他的这种能力使他一而再、再而三地成功。

对于自己的信念，他坚持不懈，这使得他和他的团队在1995年的商品铜交易中获得了令人难以置信的机会。

当他和他的团队开始研究商品铜时，他们根本不知道这次交易会给他们带来多少财富，他们只知道这会是个不错的交易。他们对他们的说法、机会以及获利程度已经非常了解，但是，他们未能预期的是，他们在商品铜的价格疯狂演变之时依然保持冷静和坚持这一点让业界同行产生了敬畏之心。当时，他们只知道，他们所依靠的"说法"很靠谱，并且，这个交易值得做。对于罗伯逊来说，交易商品铜跟交易其他的商品没什么两样，但是，这可不是普普通通的交易——这是使老虎基金一战成名的交易！

然而，在 1994 年商品铜的价格疯涨的时候，情况并非如此。到了 1995 年初，价格回落了一点；到了年底，价格回到大家预期的每磅 1.1 美元左右。对于很多投资者来说，此次的价格波动有如坐过山车，很多人损失惨重，价格上下拉锯了近一年的时间。但是，罗伯逊坚定地觉得自己的"说法"很靠谱。他坚信，"说法"没有改变。更重要的是，他坚信自己是正确的。

1995 年的头几个月，商品铜的价格保持在一个区间内徘徊。当春季来临之时，价格开始飞涨。很多人开始对做空进行止损，因为他们觉得价格会越涨越高，所以他们忍痛割肉离场。这次早春的价格大屠杀让很多对冲基金经理一败涂地，利润一落千丈。

然而，铜价涨至每磅 1.25 美元以上，而且，看上去还会继续涨。没有人知道这个涨势是从哪里来的，是靠什么力量支撑的，但是，涨势似乎又是那么让人觉得真实不虚。当全世界最大的商品铜交易公司之一——住友公司的一些有趣信息公布时，这种真实的感觉开始变得虚幻。住友公司的一名交易员在商品铜交易中手脚不干净，使得这家日本投资集团损失惨重。面对已造成的损失和潜在的损失，住友公司的管理层决定要清空仓位，完全撤出商品铜市场。当时，住友公司是最大的商品铜拥有者和买家之一。当这家公司决定要全部放弃对商品铜的持有时，铜价出现了自由落体的现象。对于罗伯逊及其团队来说，他们对市场非常了解，他们知道价格必定会下跌，而且，必须看到价格的暴跌，他们才能成功地完成他们的交易。看到住友公司跳楼大甩卖的动作，市场上的所有人都疯狂了。1996年的5月，铜价跌了超过30%；9月份的期货铜价格已经仅为每磅87.80美分了。

为什么会有这样的暴跌？答案很简单：商品铜市场出了丑闻，震荡了市场，导致投资者和投机分子纷纷为了止损而抛售离场。这就是所谓的关门大甩卖。罗伯逊及其团队之所以开始关注商品铜，是因为他们做了研究，然后认为铜价已经过高。虽然他们的研究显示，铜价会回落，但他们也无法计算出何时会回落。他们只知道，在某个时间点会回落。老虎基金的团队成员对他们的"说法"很满意，因为这是他们可以做空商品铜的机会。铜价已经过高，根据市场规律，铜价必定往下回调。只是他们不知道，商品铜市场有些问题。他们不知道住友公司的问题，不知道住友公司的交易员在人为地抬高商品铜的价格。

接着，住友公司解雇了滨中泰男，商品铜的危机达到了顶点。滨中泰男是商品铜交易界的明星。他建的仓位极高，以至于他在业界被称为"百分之五先生"。据悉，他违规交易商品铜的丑闻，最终导致雇主蒙受了26亿美元的损失。做空的交易员都知道，这样的事情对罗伯逊来说，可是大大的利好消息。能够预估商品价格过高，然后看到市场确实是因为高估了价格进行自我调整，导致价格下跌——这是一种技术分析的本事。然而，能够预估商品价格过高，然后看到价格过高的原因是有人违规操作，那可就完全不同了。这样的交易变得万分有趣，而且，钱也赚得更多。

为了明白罗伯逊及其团队为什么能够美美地赚上一大笔，首先需要了解这起商品铜交易市场巨大丑闻的来龙去脉。

滨中泰男是1996年6月被解雇的。在那之前的十年间，他牢牢掌控了商品铜市场的重仓。他是交易界的高手，但凡要交易商品铜，都得跟他过过招。他总能算准时机，为他的雇主收割一茬茬丰厚的利润。

很多人相信，他的雇主最终是在1996年春夏之交发觉他违规交易的问题的。其实，很多商品金属交易员和投机分子都觉得他的操作有猫腻。跟住友公司有密切联系的人指出，滨中泰男在1990年就曾导致公司出现重大的交易损失。但在后续的调查过程中，他能够正确地回答所有的问题，也遵守了所有条例的规定，因此他得以保住工作，公司也得以保存颜面。这使得数年后的事件提高了档次和规模。住友公司1990年的那次损失，金额远远低于26亿美元。而此次，公司再也无法掩盖，只能把违规的交易员公之于众。

就像那个因搞垮巴林银行而臭名昭著的尼克·里森一样，滨中泰男也以为他能够通过继续交易来挽回那些他下错的赌注。最终，他的问题是：用来藏匿交易单据的抽屉不够大。于是，他再也无法掩盖，整个计划土崩瓦解。

有资料显示，住友公司的职员最初曾配合滨中泰男掩盖他造成的损失，制造了一些账外交易，对外不予公开。但是，随

1 商品铜交易一战成名

着失败交易的雪球越滚越大,未做记录的交易量也越来越多。滨中泰男之所以能够继续掩盖,是因为他提供虚假文件,冒名顶替签名,并销毁工作记录。1996年,滨中泰男招认了自己的罪行,住友公司别无选择,只能将他的行为公之于众。

最终压死骆驼的那根稻草是滨中泰男无法管控他在市场中持有的仓位;加上他大量做多,在空头环境下,他黔驴技穷了。很多人都认为,滨中泰男盲目自信,自诩重仓持有现货可以随意拉抬铜价。他相信,可以在柜台交易中向生产商出售看跌期权,然后从中获利。所谓的看跌期权,就是生产商在未来按某价格销售商品的权利。如果价格继续上涨,销售看跌期权的人就赚钱,因为买家不会行使兑现期权的权利。然而,不幸的是,交易员和投资者开始意识到滨中泰男持有的重仓量,他们就迫使铜价下跌。这就意味着滨中泰男所销售的看跌期权会被执行,从而导致他蒙受巨大的损失。

滨中泰男为了哄抬铜价而买入现货铜,这让他自己陷入了巨大的风险中。即使他疯狂地将多单抛出进行止损,他仍然无法摆脱卖空行为。这两个原因导致了铜价的下跌。缺乏内部控制,管理能力差,并且出现严重疏忽,这是他最根本的问题。但是,将这些问题暴露出来的,是对冲基金。

在住友公司公开滨中泰男的违规行为、公司的重仓位以及巨额损失之前的数月中,对冲基金界的人都认为,市场有一定的问题,但是没有人能够确定地指出问题在哪里。不过,只要看看铜价,就会知道价格有问题。业界人士还知道,如果价格有问题，而且是过高，那么，大家就可以开始玩命地做空。

据估计，在住友公司问题出现一些蛛丝马迹之前，从1995年到1996年中期，做空的大军总共囤积了约100万吨的商品铜，希望能够在市场上抛售，以达到让价格跳水的效果。很多人都相信，原则上，这样的做法是说得过去的，超出他们能力之外的一些力量能够使滨中泰男脱离苦海，并把价格托高。幸好，原则归原则，实际上那样的力量并不存在。

对老虎基金的人来说，这项交易越来越像他们梦寐以求、千年一遇的机会。所有的数据都显示，铜价只能往下跌，而他们需要做的就是继续持仓，这样就可以验证他们的研究，并从中获利。5月初的时候，智利一个大铜矿的罢工得以平息，然而伦敦金属交易市场的存量却没有跌，老虎基金的团队意识到，他们可以大赚一笔了。分析师们知道，他们押的宝是对的。而罗伯逊也已经开始在头脑里计算获利的数额了。他们连夜赶工进行演算，然后做出决定：加大做空的力度——因为价格还要跌，猛跌。此时，情况很明朗，应该说再明朗不过了：因为价格继续走强，证明市场上有太多的量存在。这是经济学初级原理，而且是个很好的机会。这个好机会到底有多好，他们等了18个月才知道。最终，一切等待、心痛和各种痛苦，都是值得的。

整个夏天和秋天，老虎基金慢慢加大做空商品铜的仓位。最终，在1995年6月的时候，他们商品铜的仓位已超过10亿美元。在这一年当中，他们不断分析市场，不断坚定他们的信念——他们是对的，价格一定会跌的。虽然这样的信念得到各方印证，其中包括不少对冲基金界朋友的首肯，但罗伯逊不会基于小道消息进行操作。要让他砸钱，他的团队需要得到市场的第一手信息。那是靠实打实的工作才得来的信息。罗伯逊派出他的分析师们，坐飞机也行，搭火车也罢，去探求全球有关商品铜的信息、用法以及可预期的用法。20世纪90年代初的时候，要获得信息，可不像现在上网就可以实现。大家都得上路去查信息。如今，时代变了，信息和数据通过敲一下键盘就可以获得，但是，较真的投资者还是会实地考察，搜寻数据，然后再决定是做多还是做空。

老虎基金的团队去拜访了金属生产商——老牌的、新的都拜访了——在生产现场看到了有关产量的第一手图表和图纸。他们还去拜访了使用者，看了他们的库存——确实已经满得都装不下了。他们在董事会议室开会，甚至在路边开会。他们得到的答案始终一致：市场储量过高。商品铜的价格犹如旱地拔葱，被抬得过高。很明显，这一切都不合理，完全不合理。罗伯逊及其团队都深知，价格不可能再上行，必定会下跌。虽然此时的铜价继续保持高位，甚至还微涨了一点点，因此，他们的空单目前是亏损的，但是，他们对自己所做的研究信心满满，只等时间来验证了。对老虎基金的人来说，此时是他们大规模做空的时机。他们知道所做的研究是对的，而且也做好了收获利润的准备。

罗伯逊给交易员下达指示：建立一系列空头头寸。在外人看来，这是完全逆市而行的举措。而市场还在不知缘由地上行。分析团队说，市场估值已经过高，供给远远高于需求——这个"说法"依旧没变——市场走错方向了。

罗伯逊对他的分析团队深信不疑。他相信他们对市场的理解，也相信铜价终将跌落。更重要的是，他相信在他的坚定领导之下，老虎基金建立了大规模的空头头寸，只要坚持下去，必定会给他们带来丰厚的利润。很明显，罗伯逊看到了市场上别人忽略的东西。他没有相信市场价格。他相信是市场出了问题，他不想放弃这个机会。

他对自己的交易深信不疑，更重要的是，为他工作的那些人帮他获得了极佳的成果。1996年春，滨中泰男的铜交易丑闻东窗事发，铜价开始暴跌。1996年5月底的某天，住友公司的市值损失3亿美元——这恐怕是住友公司单日损失的历史最高峰值，也巩固了罗伯逊最佳基金经理的地位。由于他看清了形势，知道其他人都错了，于是他对自己的正确判断坚定不移，因此，他获得了如此巨大的利润。

罗伯逊对他的收益甚是满意，他更满意的是斯坦利·德鲁肯米勒竟然打来电话表示祝贺。德鲁肯米勒曾经操盘，搞垮了大不列颠中央银行，从而使索罗斯获得了世界最佳投资人的殊荣（详见第9章）。这个电话是老虎基金大赚之后几天打来的。电话中，德鲁肯米勒对罗伯逊坚持持仓至最终获利的举动赞叹不已。索罗斯没能像老虎基金那样坚守，在1996年4月就平仓出局，非但在商品铜交易上没有任何获利，还亏了一笔。对罗伯逊而言，这项交易不只是钱的问题，更是判断是否正确的问题。他研究的结果是正确的。因为研究正确，所以他坚持持仓的信念也是正确的，不论市场如何，不论业界的同行们如何。他掌握了正确的信息，他坚守了自己的决定，然后，丰厚的利润滚滚而来，同时，他也赢得了一个名号。自此，罗伯逊和他的老虎基金就是业界不可或缺的力量了。做空商品铜的巨大成功，是罗伯逊为数不多的宏观交易成就之一，他把有着自己名字的旗子插在了对冲基金行业以外的高地上，那是最优秀的交易员、投资者和基金经理所占据的高地。

猛虎的诞生

罗伯逊在海军服役的经历让他懂得对自己的行为负责、对自己下属的行为负责。他学到了当个好领导的价值，以及获得下属的尊敬的价值。这对他后来创立并管理老虎基金都有很大影响。

在通往华尔街的成功之路上，不乏充满动力、雄心勃勃的人，他们有着各种理念，好的、差的都有。经过数十年的努力，成功的人不少，然而，能够步入资金管理成功殿堂的人却少之又少。回望20世纪，能够被称为资金管理明星的大师屈指可数，包括：J. P. 摩根，查理·美林，杰西·利弗莫尔；乔治·索罗斯，沃伦·巴菲特和迈克尔·斯坦哈特等，当然，还有我们的主角朱利安·罗伯逊。分析师、作家、记者还有心理学家，都投入大量的时间大篇幅地分析、描写过这些成功人士，都想找出他们成功的秘诀，以供后人借鉴，以期实现自己心目中的名利双收。

如果要问罗伯逊这名基金经理如何与众不同,答案是类似的——他骨子里的争强好胜以及他能够真正充分享受工作的乐趣。当罗伯逊做对了,他就乐在其中;当他乐在其中,并驾轻就熟,他再次做对的概率又加大了;接着,他就更加乐在其中,成为更好的交易员、投资者和基金经理。这就证明了:对他而言,成功是唯一可以接受的结果。他什么都要赢。他非赢不可。

他为什么会这么争强好胜呢?他又是怎么把这种争强好胜的性格跟他那众所皆知的幽默感融合在一起的呢?这样的性格,虽然后天可以培养,但一般都是与生俱来的。故事还得从20世纪30年代的北卡罗来纳州说起。

罗伯逊是1932年出生的,那时正值美国的大萧条时期。他出生后两周,道琼斯工业平均指数跌到有史以来的最低谷——41.22点。他出生的小镇名叫索尔兹伯里,属于北卡罗来纳州皮埃蒙特地区,位于夏洛特和格林斯波洛之间,人口总量27 000人。这是典型的旧时代南方小镇。在美国内战时期,这里是联邦监狱的所在地。从20世纪30年代到50年代,这是罗伯逊成长的时期。这个时期的索尔兹伯里很像小城梅贝里——餐厅、五金店、药店什么的,都很像。除了罗伯逊和两个姐姐是当地名人外(一个姐姐是住在拉里的布兰奇·罗伯逊·培根,另一个是住在夏蓓希尔的云登·罗伯逊),镇上名人还有安德鲁·杰克逊总统和参议员伊丽莎白·多尔。虽然杰克逊总统是在维克斯豪出生的,但他小时候在索尔兹伯里居住过挺长的一段时间。参议员伊丽莎白·多尔也是在索尔兹伯里出生的,比罗伯逊小四岁。

索尔兹伯里小镇是居民努力共建的成果。这里的人通常会在周末的下午欢聚一堂，过去如此，现在仍如此。这里的人一旦交上朋友，就是一辈子的朋友，哪怕搬了家也是如此。这里的人邻里间互相照顾，"一方有难，多方支援"。这里就是大众心目中典型的美国普通小城镇。

索尔兹伯里是居民积极参与建设而成的小镇。这里的人历来都积极参与有关社区发展的事务，积极维护家园。这里的建筑典雅、公园优美，这里的人都有南方人的那种好客与热情。

很多城市和小镇的中心都因商业购物中心的兴起而大大失色，周边生活区的角色也越来越重要。然而，索尔兹伯里并没有遭遇这样的变故，它继续保持盎然的生机。一部分是因为这个小镇的居民努力维持着小镇中心的活力；另一部分则是因为，小镇的居民想保证这些典雅优美的建筑不被拆除，不能只因为某人出了大价钱就可以买走。要保住小镇中心不是什么新闻。罗伯逊的母亲就在保护小镇历史建筑方面做出过重要的贡献。她的努力促使"历史性的索尔兹伯里"这样的民间团体创建了"循环资金"（Revolving Fund）这样的基金会。"循环资金"基金会从所有人手里买下他们想要拆除的房子，加以维修，再将其投放市场出售，卖给那些愿意进行修缮，让老宅焕发新的光彩的买主。小镇上大多数房屋都是19世纪70年代建造的，有些甚至是50年代建造的。如今，小镇上很少有闲置的商用房或住宅用房。虽然一些现代设施已经散布于小镇中心，如艺术画廊、咖啡店、复印店等，但总的来说，小镇还是保持了旧时风貌，老理发店和药店依然在。

索尔兹伯里还是生机勃勃的，因为小镇上的人心中很坚定：不管经历什么样的风风雨雨，都要保住小镇的传统特色。所以，那里往周边生活区搬的人不多。这些年来，小镇中心也开发过住宅、零售店和其他商业场所，以适应新的时代。前镇长玛格丽特·科鲁兹说过："经过20年的努力，我们一举成名。"索尔兹伯里小镇的中心被誉为北卡罗来纳州"最成功的中型小镇中心"，因为小镇临街店面出租率保持在95%～97%的区间，住宅的居住率近100%。

这样的成功，部分归功于老罗伯逊一家。老罗伯逊经商颇为成功。他深信，努力工作就会成功，而且，成功之后可以做其他人不能做的事情。让社区变得更美好，是他喜欢做的事情；做生意，更是他乐此不疲的大事。他一生浸淫于纺织行业，是尔兰吉·米尔斯纺织公司的董事和财务负责人。他在银行业也有所建树，早期是夏洛特美国信托公司的股东，还是北卡罗来纳州立银行的创始人——该银行在1976年之前叫国民银行（这项合并交易就发生在索尔兹伯里的假日酒店里）。大家一致公认老罗伯逊行动力很强、能力很强、有独立的思想。他还能够把他的想法清清楚楚地解释给大家听。

老罗伯逊对自己的衣着和外表十分重视，穿着无懈可击。他有多次这样的经历：在室内场合遇到某些女士，他可以跟她们聊她们身上衣物的材质。每当他出现在一个室内场合时，大家都会眼前一亮。他很长寿,所以他能够做各种尝试,尽情享受人生。他曾是南方业余网球冠军,喜欢飞行,还喜欢从事教育事业。他还对家族历史感兴趣,跟人合写了一本家族史图书。他是波卡洪塔斯十世孙。

老罗伯逊参过军,这对他的人生影响很大。1918年7月,他报名参军。他来复枪枪法精准,还做过轻型枪支射击指导员,最后当上了陆军少尉。从军几年后,他退伍回到索尔兹伯里,在尔兰吉·米尔斯纺织公司工作。二战爆发后,他又请假,从军报国。在1942—1945年间,他的军衔是中校,隶属第八步兵师,在欧洲战场作战。他战功卓越,四次被授予铜星勋章。

老罗伯逊不仅纺织公司开得成功,生意做得好,他还是一位投资高手、大慈善家。(做慈善、搞竞争,这是罗伯逊家族很重要的两件事情,也是罗伯逊反复向他的员工灌输的理念。详见第13章。)

罗伯逊和他父亲的关系,总的来说是相对正常、健康的关系。他跟父亲学习看股票走势图,闲暇时还花了不少时间研究很多的上市公司,讨论哪家公司的股票更好。他就是这样从父亲那里学会了分析的重要性,以及了解事物前因后果的重要性。他还沿袭了父亲对衣着的重视和对生活品质的高要求。他在职业生涯中,一直穿着剪裁得体的衣物和意大利皮鞋。他身高6英尺(约183厘米),高大魁梧,穿上量身定做的西装,风度翩翩。跟父亲一样,他也很懂得通过外表来给自己加分。

老罗伯逊给他的独生子灌输自重的思想。他自己也非常努力地工作，让家人衣食无忧，并且还有能力兼济天下。他是真正的美国南方绅士——外表光鲜体面，内心顽强竞争。正是老罗伯逊这种竞争精神，引导了他的儿子小罗伯逊日后获得巨大的成就。

姐姐说，父亲和弟弟有很多地方很像，父亲比较严肃一些，弟弟更有幽默感。但是，跟罗伯逊谈话，观察他的所作所为，就会发现他其实也是个挺严肃的人。他做事努力，每次做对事情都对自己倍感自豪。这样的品质是罗伯逊观察父亲在工作中、在社交场合以及在家里的举手投足而潜移默化得来的。很多人都认为，正是这样的工作态度和信仰，再加上跟父亲学来的研究股票的技巧，为罗伯逊日后能够在华尔街干出一番事业打下了良好的基础。

当然，老罗伯逊在对待工作的精进态度上也从未懈怠。当他已 90 多岁高龄的时候，他还是每天到索尔兹伯里小镇中心的办公室，管理着"正确、良好的股票投资组合"。他于 1995 年 2 月 22 日寿终正寝，享年 95 岁。他的讣告在《索尔兹伯里邮报》上占了整整一版，其中有人说他的去世"是索尔兹伯里的重大损失"。罗伯逊也说父亲"人非常好。即使他跟你意见不同，他还是会坚持你有权保留自己的看法"。

从我和老虎基金前员工交谈的情况来看，如果哪天罗伯逊也去世了，他们也应该会说类似的话。他们都说罗伯逊经常跟别人有不同意见，但是罗伯逊理解每个人都可以有自己的观点。不过，罗伯逊的问题在于，他喜欢让别人知道为什么错了。他常常跟别人争得面红耳赤，为的就是证明对方错了。好在他也会允许其他人有自己的观点，不管这些观点错得多么离谱。

竞争，是罗伯逊和他的老虎基金成功的重要因素之一。其他的因素包括：细致入微的研究、满脑的数字，以及坚定的理念——干大事不能靠单打独斗，这是他从母亲那里学来的。

他母亲叫布兰奇·司班塞·罗伯逊。根据小镇上的要人的说法，她为人很好，积极参与社区活动。她来自弗吉尼亚州的马丁斯维尔，20世纪30年代跟老罗伯逊结婚后迁入索尔兹伯里。

她的姨妈玛丽·霍蒂·伍德森回忆道："她是南方最漂亮的女孩子之一。追求她的人一大堆，但是她最终选择嫁给老罗伯逊，让不少男士伤透了心。"

她对人和善，积极参与索尔兹伯里的文化、社会方面的事务。她还热衷艺术，特别喜欢花。她也是许多女性嫉妒的对象。她跟丈夫一样，对生活品质有很高的要求。她家里摆满了优质瓷器和人偶，装饰着颇具时代感的家私和灯盏，还陈列着她儿子在海军当兵时送给她的许多洋娃娃（她儿子每到一个港口，都会在当地买一个洋娃娃，她非常珍惜这些礼物）。她家里还有非常多的玩具兔子，布制的、绒毛的、石头做的、木制的都有，在家里的许多地方都摆着。她去世的时候，有一位朋友往她家里送的花是这样的：大量的菊花编成一只超大的粉红色兔子，边上是一圈康乃馨，中间是一个巨大的笑脸。此举让人非常感动。所有认识她的人对她都充满敬意。她还喜欢优质的丝绸、麻布，也非常喜欢古董。

罗伯逊家里经常有从自家的花园采来的鲜花。母亲经常在花园里打理，孩子们也出了很多力，让他们家的花园四季都有鲜花绽放。春天，她会带着孩子们在黑土地上种上绣球花、屈曲花、牵牛花，还有俗称"滴血的心"的荷包牡丹。到了秋天，她又会带着孩子们种上郁金香和水仙。不管什么季节，他们家里里外外都有鲜花绽放。

他们家的好客也是远近闻名的，晚宴极其丰盛和美味。小镇上有大事小事，必去他们家商议。他们家房子很大，是典型的南方样式，铺着木地板，天花板的皇冠饰条让屋内既美观又高雅。

主客厅后有一个小房间，是专属的花房。宴请宾客时，这个房间会用作酒水间，里面会摆满母亲耗费时日精心剪插的鲜花。这房间被誉为南方充满鲜花香甜的酒水间之一。

她在社区活动方面从不吝惜自己的时间。她积极参与社区的很多志愿者活动，其中她最感兴趣、投入精力最多的应该是索尔兹伯里镇的维护和修缮这两方面。在金钱方面慷慨解囊是老罗伯逊一家为人所周知的行为，但她还是位实干家，亲力亲为，维护和修缮索尔兹伯里镇的古旧建筑，让它们重放异彩。

她每年都去桃金娘沙滩度假。有一次在杂货店里，她无意中听到一对夫妇在问路——他们要去碧溪园。她觉得这对夫妇要自己摸过去可能会找不到地方，于是就亲自把他们带过去。她是那种自来熟的人，没有陌生人的概念，她对待每个人都跟对待家人一样。

罗伯逊认为他热爱社会、愿为社区做贡献、助人为乐的理念传承自母亲。母亲以身作则地示范给他看。老罗伯逊家的孩子们离开索尔兹伯里已经很久了，但是他们一直给予他们的出生地支持。他们设立了一只以母亲和父亲名字命名的家族基金，并一直维持运作，为索尔兹伯里镇当地的组织提供资金，如：资助针对儿童及其家长的图书项目；给当地中学的新棒球场出资兴建围栏；给退伍军人大楼的扩建提供资金；援助骨髓检查项目和一个社区照料中心。1986年，《索尔兹伯里邮报》将罗伯逊的母亲布兰奇·司班塞·罗伯逊誉为本镇最"值得认识的女士""索尔兹伯里社区的伟大女性"以及"本镇20多年来几乎所有社区协会的前主席"。

罗伯逊的幽默感以及和别人开玩笑的功夫，很明显都是师从母亲。她教他运用幽默这个好工具来搞好关系，处理社交以及商业交往。

布兰奇·司班塞·罗伯逊于1993年12月以87岁高龄辞世。《索尔兹伯里邮报》以头条刊发讣告称："我市痛失一位天使。"文章引述当地领导人对她的赞誉之词，包括市长称她是索尔兹伯里最大的啦啦队长。

在葬礼上，罗伯逊回顾了母亲如何教导他不要以钱看人、以貌取人或以头脑论人，因为这些无关紧要——紧要的是你是否关爱他人。罗伯逊在悼词中还提到，正因为上述品格，索尔兹伯里的许多"最不合群的黑马"都对她满怀热爱，并跟她相

2 猛虎的诞生

处极为愉快。

老罗伯逊夫妇工作非常努力,并把子女们培育成材。虽然他们家资产颇丰,但是他们这样教育孩子:不论别人身份、地位如何,都必须尊重。母亲经常向他人伸出援助之手,孩子们也潜移默化地受到她的影响。老罗伯逊教导他的儿子要"极具竞争力",于是,罗伯逊小时候就显露了这样的品性。孩子们还小的时候,就会坐在客厅的地板上,讨论埃索(埃克森美孚的前身)和德士古(雪佛龙德士古的前身)的财报,看看投资哪家公司每股收益比较高。

罗伯逊年轻时就很喜欢运动,和朋友们一起玩。他是运动健将,而且是棒球和美式橄榄球的高手。跟很多男孩子一样,他喜欢赢、不喜欢输。因此,他努力提高技艺,做到在索尔兹伯里的比赛场地不输。在他成长的过程中,在运动方面,他确实优秀。在运动队选拔人才的时候,他总是脱颖而出。他争强好胜的性格让他不断取得胜利——在索尔兹伯里的球场上如此,在华尔街的战场上依然如此。为胜利而竞争,这是他在家乡、在华尔街能够崭露头角的原因。

他们家隔壁就是一个棒球场,是老罗伯逊买下来给自家孩子玩耍的棒球场——当然也给镇上的孩子们玩。不过,那里的本垒跑道不够长,所以,在罗伯逊11岁的时候,那个场地就不得不改变用途了。在青少年时期,罗伯逊一直在那里打美式橄榄球。某年的橄榄球赛季中,那时的罗伯逊只有10岁,队里来了个新队员。对于罗伯逊和老队员来说,这不是个好消息,因为这个新队员打得比他们都好。争强好胜的罗伯逊觉得自己有必要教训教训这个新来的，让他知道这个球场是谁的——他必须走人。那个新队员也不是省油的灯，他甩出一句孩子们常用的带有桀骜色彩的话："有本事你让我走。"罗伯逊的回答是："或许我不行，但我妈妈行。"说着还一脸怒气地跑回家，抱怨着那个新来的球员占了他的球场。罗伯逊央求母亲把那个孩子赶走。他不记得母亲具体的话是怎么说的了，他只清清楚楚地记得妈妈对他的批评，说他竟然有胆提这样的要求。他羞愧不已。这件事在此后的50年里他从没说起。据他所说，他唯一一次提起此事，是在母亲的葬礼上。很明显，对于此事，他无法忘怀，也给他造成了深刻的影响。

这样的事情，只是在小镇生活需要经历的众多事情之一。这些事情对罗伯逊至关重要，并且是他多年能够成功的重要因素。

虽然他对球场上的那些竞争乐此不疲，但他却不喜欢教室里的竞争。上课学习可不是他的最爱。后来，他上了北卡罗来纳大学，他说在那里挺惬意的。但是，在学业上，除了经济类的，他的其他成绩都不怎么样。他的数学学得最好，这是他喜欢的，所以也是他学得最好的。他知道教育的好处，但他不认同大学教育的学习强度。他不喜欢为了上课和考试而学习，所以，他也就没怎么花时间在这些方面。大家应该都猜到了，他最喜欢的是经济类课程。他喜欢去了解怎么研读资产负债表，如何理解那些数字，如何评估经济趋势及其对企业的影响。在这方面,他下足了功夫。对于那些非经济类课程,他只求及格;而对于经济类课程,他只对第一名感兴趣,不愿意接受第二名。

1955年,23岁的罗伯逊报名参军,通过预备役军官训练团当上了海军少尉,在一艘军火补给舰上服役。在两年服役期结束之前,他升到初级中尉的军衔。在舰艇上,以及在到达的各个港口的历练中,罗伯逊理解了对个人行为负责的重要性。这段成长经历让他在海军生涯中以及此后的人生中受用无穷。也是在这个时期,他真正打开了眼界,看到了美国以外的世界。他在海军服役期间,到过地中海,到过加勒比海,到过许多国家,亲眼看到美国以外其他国家的人是如何生活、工作的。

他说,在海军服役是他第一次"真正感受到个人责任感"。他在舰艇上从事过多个岗位的工作。具体的工作,他以国家安全为由,没有多说。跟他聊了许多他在海军服役期间在舰艇上的事情,我发现,很明显这段经历对他有着深刻的影响,让他能更好地塑造自己的未来。在冷战最紧张的时期,罗伯逊还在军火补给舰上服役,他的任务是看管武器。据海军方面的多方信息,这些武器数量之大,可以给全世界范围内的主要城市造成严重破坏。据悉,罗伯逊负责武器的维护,保证武器可以随时用于战斗。如果舰长发出攻击的命令,就需要他来保障武器的供应。海军方面和罗伯逊本人对他服役时候的具体职责都不予评论。他的职责就是确定在需要用武器的时候,必须能拿出来,不能出问题。这对他这个年纪的人来说,责任非常重大。但他对此欣然接受。他掌握了领导力,也学会了如何负责、如何赢得尊敬并尊敬他人。罗伯逊那么年轻就承担如此重任，这对他一辈子都影响深远，特别是在他管理老虎基金的那 20 年中，这一点非常明显。每当情况不妙，他都会立刻挺身而出。

罗伯逊在童年时代以及青年时代的经历塑造了他的性格。在海军服役的时候，他的上级对他信赖有加。上级让他来确保下面的军人都做好自己的本职工作。罗伯逊在海军服役的经历让他懂得对自己的行为负责、对自己下属的行为负责。他学到了当个好领导的价值，以及获得下属的尊敬的价值。这对他后来创立并管理老虎基金都有很大影响。

1957 年，从海军退役之后，他就带着父亲给的一些资金，去创业了。他想到华尔街参加培训课程，然后开始从事投资方面的工作。老罗伯逊认为，只有华尔街能够让儿子真正学到投资方面的精髓。他坚持让儿子去纽约，接受有关投资和市场方面的"正规"教育。毕竟，纽约才是"钱之所在"，罗伯逊只有在那儿才能找到真正的机会，摸到一些真金白银。

华尔街里的南方佬

他还弄懂了大家所说的"市场"——其实并不存在。他的理解是,人们所说的"市场"不过是一些公司在不同的地方进行交易。他逐渐相信,想玩弄市场的人不可能真正赚到钱。

1957年,罗伯逊开始在华尔街的基德·比博迪公司当销售学徒。他在那里一干就是22年,有关销售的各个岗位轮了一遍,最终当上公司资金管理分公司——韦伯斯特管理公司的经理。

在多个公众场合谈起他在这家公司的崛起与成功时,他都说:"我为人老实,他们信得过我。"为人老实,这就是他赢得信任和敬仰的地方。他之所以能够被人肯定,不仅是因为他的为人处世、进退有度,他在帮客户、帮同伴赚钱方面也是一把好手,不管大盘表现如何。

公司销售方面的业务,就是指交易经纪人的业务。这是华尔街最佳销售员聚集的地方，他们得把股票和其他证券极力销售给客户们——个人投资者和机构投资者。在 20 世纪 60 年代直到 70 年代的大部分时间里，在华尔街做销售就意味着位于公司的第一线。公司的收入大部分源于此——因为有交易才有佣金。做客服经理或分析师当然可以光鲜亮丽，但是交易经纪人或销售人员才是华尔街真正创造财富的人。

罗伯逊在公司里口碑很好，大家都信任他，他也愿意倾听，愿意向公司其他人学习。他就像海绵一样不断从同事和竞争对手那里吸收信息。在公司，他花大量的时间了解整个交易的卖方和买方。他了解市场的运作以及需要避免哪些东西。他有能力从别人那里学习知识，再将其转化为盈利——公司的、同事的、客户的，当然还有他自己的。他不只是名销售人员；在公司期间，他不断挖掘各种机会。他不只是推销公司产品，他还尽量去了解这些金融产品，了解产品如何运作、如何帮客户赚到钱，等等。

这么些年下来，他建立了一个由伙伴和同事构成的网络，有投资方面的事情，他就会找他们了解想法和信息。虽然从事的主要是证券交易，但他也花大量时间去了解固定收益和商品方面的价值游戏。

在基德·比博迪，罗伯逊获得了同事和客户的一致好感；有投资方面的问题，大家都愿意去找他。同事如果有一些闲置资金，或者拿了奖金不知道要怎么安排，他们都会让罗伯逊来管理。渐渐地，罗伯逊有了个好口碑——投资高手。不管市场大盘如何，他都能赚取利润。在帮伙伴和同事管理他们的账户时，罗伯逊获得了一项好评——他刻苦钻研，能淘到别人忽视的宝贝。在客户那边，他能汇总好信息，进行分析，找到利用这些信息的方法，为自己和客户赚钱，这又为他赢得了好评。

20世纪60年代中期，公司的客服业务员罗伯特·博奇混得很不好，赚钱甚少。他跟同事都听说了罗伯逊在股市上的成功，他们也很想成功。那天，博奇拿到了奖金，他记得好像是5 000美元，就交给罗伯逊来管理。他不知道为什么自己要这么做，也不知道自己有这样的想法多久了。通过跟罗伯逊打交道，他知道罗伯逊懂得如何寻找机会、如何赚到钱。博奇说，他听说罗伯逊帮客户管理资金实现了很好的业绩，还通过同事了解到罗伯逊对挖掘赚钱的机会独具慧眼。他感觉罗伯逊做出的投资决策比他本人高明，所以，他决定把奖金交给罗伯逊来管理。这是个明智的选择。罗伯逊的老虎基金不断壮大，吸引越来越多的资金。博奇对罗伯逊的信心也一直保持不变。很多投资者也都感觉罗伯逊很会投资，相信他的能力，相信他能管理好他们的钱。

投资这事情总是起起落落，这很正常。但是，在博奇把钱交给罗伯逊后10年左右的时间里，不管大盘表现如何，博奇和公司的一些企业客户都不断把钱交给罗伯逊来管理。如此一来，博奇和罗伯逊的交情越来越好，跟基金经理们建立起了一个网络。在罗伯逊最终成立老虎基金的时候，他们的这一层关系终于开花结果。(这些年来，他们保持密切联系。如今，罗伯逊仍然会告诉博奇该投资哪些新的基金。)罗伯逊的交易战果赫赫,更重要的是,有一群潜在的投资者见过他投资,体验过他是如何在市场中游刃有余地寻找投资标的。

在基德·比博迪的那些年,罗伯逊练就了灵敏的嗅觉,他喜欢去寻找那些有价值的公司并进行投资。在基德·比博迪,他掌握了找寻价值的工具。他掌握的第一个也是最重要的一个工具,就是价值投资的最基本要素。价值投资的方法很好学,可以轻松理解,容易实施,但要真正掌握,却是万分困难,因为需要耐心和坚持。

要了解罗伯逊的投资风格和方法,首先需要理解价值投资的基本常识。今天,大多数人想起价值投资,可能首先想到的是巴菲特和查理·芒格。很多人认为这两个人是投资界最成功的人士。但这两位投资大师却向本杰明·格雷厄姆和戴维·多德学习。

价值投资不是什么新鲜概念。因为一直都有人想抄底买便宜货,所以价值投资几百年前就开始了。但是,作为投资方法的一个流派,在1934年格雷厄姆和多德出版《证券分析》之后,到了20世纪40—50年代,这种方法才引起关注。该书很畅销,目前已经出了好几版。书中介绍了如何简明又具体地分析一家公司的理论和方法,并通过评估公司商业及金融方面的几项功能运作来判断公司未来的走势。

格雷厄姆和多德写道:"投资就是通过彻底的分析来确保本金的安全和足够的回报的行为。"虽然在评估调研潜在投资标的的时候，投资者需要注意多方因素，但格雷厄姆明确指出，投资者需要遵守六大要素：

（1）获利；

（2）稳定；

（3）收益增长；

（4）财务状况；

（5）分红；

（6）股价历史。

格雷厄姆和多德关于证券分析的理念为投资者提供了很多有关历史与现状的信息，有助于对未来的期待进行量化。他们介绍的理念就是，投资者应该研究公司股票及公司所在的行业，这样做的主要目的在于发掘公司股票的价值及回报的期待值，最终让投资者区分出估值过高和估值过低的股票。

他们还写道："投资和医药、法律与经济一样，游走于艺术与科学之间。"利用股票分析来挖掘潜在投资的重要信息，这一点为投资提供了依据，即通过搜集信息来确定某只特定股票的内在价值及风险。

50多年后的今天，正如格雷厄姆和多德所定义的，股票分析是华尔街技术分析的核心。虽然时过境迁，计算机给投资带来了某种程度的便利，也更有效，但是格雷厄姆和多德对股票分析的执着是根深蒂固的。

对于罗伯逊来说，格雷厄姆和多德的观点奠定了价值投资的基石。他一生中从未放弃对投资环境仔细全面的分析。研究分析的过程至关重要，其中不只是包括透彻的财务分析，还有跟公司高管的访谈，跟重要客户、供应商以及竞争对手的讨论，以确保对公司的当前运作与未来前景有真实的了解。罗伯逊价值投资的技术是通过实战积累起来的，那是他当一线销售人员给客户推荐股票时练就的功夫。他在基德·比博迪的时候，学到了重视基本价值理论以及如何抓住机会。

从格雷厄姆和多德的书中，大家都学到了对某些公司进行价值投资的基础知识，但是，要能够做到与众不同、脱颖而出，靠的不只是将书中理论付诸实践的能力，还要看自己竞争力的强弱，并把竞争力转化为日常投资中的决策。

对罗伯逊来说，他的选择非常明确：形成一个可行又实际可操作的系统。多年来，每当他开始寻找价值投资的机会时，他都把重心放在价位低、估值低又有价值实现潜能的股票上。

在基德·比博迪工作的那些年，在他和华尔街精英接触的过程中，罗伯逊把自己塑造成一位能够找到并且深挖股票投资机会的基金经理。他的父亲给他灌输了动力和野心，教导他成功的重要性以及对做生意的热忱。公司则继续帮他强化了这些特质——他学会了怎么看财务报表、做研究，以及建立由伙伴构成的有价值的网络。

他还弄懂了大家所说的"市场"——其实并不存在。他的理解是，人们所说的"市场"不过是一些公司在不同的地方进行交易。他逐渐相信，想玩弄市场的人不可能真正赚到钱。他逐渐理解，要真正赚到钱，必须在低价时买进，然后坐等股价上涨。寻找价值投资标的，是他最热衷的事情；寻找机会，则是他成功的驱动力。

他在基德·比博迪的那20多年里，花了大量时间去理解很多事情的运作方法，以及为什么某些人的理论会失败。他在公司的各个岗位上转了一圈，最终一头扎进资金管理部门。在那里，他获得了第一手经验，看到了资金管理部门的市场推广端和销售端是如何运作的。他发现自己并不喜欢那里。对他来说，销售不是干事情。销售只是用来帮别人干事情的一种简单方法而已。他不喜欢市场推广方面的工作，因为他无法相较其他碌碌无为的同事脱颖而出。在华尔街，搞市场推广的人被公认为没头脑、没技术的人，他们只懂得执行别人下的单子，依靠别人的工作来赚钱。这可不是罗伯逊能够接受的事情。他要做的是干事情，他要受到尊敬，他要成为最好的。对他来说，运作对冲基金是唯一能够一次性实现他三个目标的工作。但是，任何伟大的计划都需要经过很多细微的调整，需要不断完善和充实，才能付诸实践。他需要做深入的研究，于是，他找到同在基德·比博迪任职的好朋友——罗伯特·博奇。

1970年的秋天，博奇跟阿尔弗雷德·温斯洛·琼斯夫妇的女儿黛儿·琼斯结婚。那个时期，罗伯逊和博奇开始跟老琼斯接触，一起吃午餐，深度讨论对冲基金的概念及其在资金管理界的用法。过去，老琼斯以不喜欢谈资金和股市闻名，他只喜欢谈论金融产品如何产生作用，以及为什么只有用对了人、用对了方法，才会产生作用。

老琼斯深知做空和做多的正确投资组合非常强大，所以，在21年前，他就创立了第一只对冲基金。在经历过社会学家转为记者又转为投资经理之后，1949年老琼斯创立对冲基金，横扫全世界。还有什么像对冲基金一样能让有技巧又很幸运的人每年赚取数百万甚至数千万美元呢？运动员或许还行，但是他们的运动生涯有限。而且，有几个人可以进入美国职业篮球联赛或者美国职业棒球大联盟？

老琼斯作为一名记者时，一度收入低微，为了寻找更好的养家糊口的方法，创立了对冲基金。1949年，他在为《财富》杂志撰稿时，开始研究股市的起起伏伏，以及股价如何随着股市上下波动。他最终写成了那篇题为《预测的时尚》的文章。因为这篇文章，他学到两件事情：第一，市场一定会起起伏伏，但是谁都不知道起伏的时间；第二，市场里的很多从业人员不知道他们自己在干什么。

老琼斯的儿子后来回忆道："我父亲相信，他和他采访的人物一样聪明。而且他很早就意识到，当个记者无法给家人带来他想要的体面的生活。于是，他就自创门路，不知怎的，就搞出对冲基金这么个行业来了。"

老琼斯为《财富》杂志写的那篇文章是关于业内交易员是如何解读股市表现、如何基于交易模式而采取相应策略的。他深入研究了背景材料，为创立对冲基金打下了坚实的基础。他写道：

预测股市走向的那些标准、老式的方法是这样的：先看与市场本身无关的外部事实和数据，然后看股价，分析股价是过高还是过低。火车载货量、商品价格、银行票据交换、税法的变化、政治因素、战争的风险以及无数其他的因素都可能决定股票所属公司的盈利与分红，再加上利率，都将成为决定股价的因素（长期来看也确实如此）。同时，其他一些麻烦事也是障碍。正如经济学家凯恩斯所说："就长期而言，我们都已死去。"

1946年夏末的时候，道琼斯工业平均指数在五周之内从205点跌至163点，这是股民开始恐慌的一个表现。虽然股市表现如此，但股市交易持续走强，而且在股市大跌之前一直走强。

然而，有市场分析师就市场的内部特性开始担忧，他们已经察觉到大跌即将来临。为了确保他们能够准确地预测，他们每天分析股市的数据。市面上有20多家股票服务供应商会出售那些经过梳理、精挑细选并加以诠释的股市数据，可能有数百甚至数千位个人投资者在使用这样的数据。经纪公司也开始不断使用这样的数据，一方面是因为它们认为这些数据有用，另一方面是因为它们认为使用了这些数据会给它们带来生意。

老琼斯把自己做的研究加以发展，形成了一种用来挑选股票的投资策略，而不是用来预测股票涨跌时间的方法。他的想法是，构建一个投资组合，做空其中一些股票，同时做多另一些。其原理如下：如果有这样既做空又做多的投资组合，就能够把市场内部的波动性给抵消掉，投资经理就能在涨和跌的市场里都赚到钱（股市涨，做多的股票就赚；股市跌，做空的股票就赚），这意味着不管市场条件如何，投资经理均赢利。在试验了一系列做多和做空的对冲之后，老琼斯发觉，投资经理可以在股市上涨时减少风险暴露，在股市下跌时减少市场风险。在股市上涨，即牛市的时候，做多的股票价值上涨；在股市下跌，即熊市的时候，做空的股票则可以使投资组合不产生损失。

整合这样一个投资组合似乎很合理，因为它降低了波动性。但是，任何事情都不会那么容易，还有一个重大的问题需要解决：哪一只股票做多，哪一只股票做空？最终，这个理论就像其他的好理论一样，能付诸实践者方能从中获利。这是困扰老琼斯的大问题。虽然他知道由多头头寸和空头头寸构成的投资组合非常有价值，但是他不知道要如何做研究，从而决定选择哪一只股票做多、哪一只股票做空。

老琼斯是一位认真的记者，更是做调查分析的好手，但他在挑选股票方面却不怎么在行。他无法决定将哪些股票纳入他的投资组合，以实现他所要的投资回报。最终，他意识到自己能做好的是销售，而不是挑选股票，于是，他把资金管理这样的事情交给其他专业人士。老琼斯创立了一家公司，即 A. W. 琼斯公司，聘了几个交易员，并给他们权力去自由交易公司所管理的资产。他所创立的这种基金，本质上是一种多策略基金，因为他公司的交易员可以在市场上全方位交易，好像各自运作自己的基金。

老琼斯的公司就是对冲基金的雏形。根据他的观点，对冲基金就是有限合伙企业，基金经理（即普通合伙人）从投资人（即有限合伙人）的盈利中获取一部分的利润。对冲基金一定会使用杠杆，并且必须进行一些做空的操作。老琼斯认为，通过一系列做空的操作，基金可以在市场利多和利空的时候都获益。基金经理将获得盈利的20%，剩下的就是投资人的所得。老琼斯不认同管理费制度，因为他觉得这会让基金经理分心，而不尽力去为投资组合创造更多的价值。

很明显，他所制定的获利标准，就是现代对冲基金的收费标准。但是，他所创立的投资策略并没有让他的公司获得成功，这也显而易见。为了细究其原因，我们来看看格雷厄姆和多德是怎么操作的。他们两人发明、改进并践行了价值投资和现代证券分析的技术。

虽然对冲基金的原则确实是老琼斯创立并践行的，但他的一些投资策略也是他跟很多投资人讨论得来的结果。诚然，他是第一个把对冲基金这样的名词用白纸黑字写下来，并开始践行的人。但价值投资却不是他发明的。还有一件事也是很明显的：老琼斯对罗伯逊下定决心自主创业搞对冲基金也产生了至关重要的影响。

通过跟博奇和老琼斯的谈话，罗伯逊意识到对冲基金的力量以及可以带来的回报。能跟对冲基金的创始人学习对冲基金，罗伯逊真是中了头奖。他们见面时场景有点诡异，但却非常重要。老琼斯不是那种喜欢谈论交易或买卖的人。他是一个被困在华尔街的知识分子。他可以花数小时读一本书，然后约见作者一起吃个午餐，来讨论一番。比如，他如果想知道为什么水会那样流，会花上几周甚至几个月的时间来研究个水落石出。他凭借对冲基金业务，不仅给自己和家人带来了优越的生活，还能够给自己追求其他爱好提供资金。

罗伯逊和老琼斯的谈话发生在1970年、1973年，还有1975年——那是股市大跌的时候。股市的大跌让罗伯逊意识到，做空的操作也是很有价值的。他们谈话的很大一部分是在讨论投资组合中做空的好处。在那个时代，做空在华尔街还是件稀罕事儿。大多数的投资人不知道什么叫做空，更别说做空的原理了。因此，他们根本不知道怎样做空是对的、怎样做空是错的。做空的概念跟投资界所有的观点都格格不入。毕竟，谁愿意损失钱呢，又有谁愿意看到一家公司倒闭呢？但是，在20世纪70年代，股市却一直在下行，损失很大。对老琼斯来说，做空是他成功的关键。罗伯逊也学会了做空的要领。他不只是从跟老琼斯的促膝长谈中学到，也是从实际的股市中学到。

到了1978年，罗伯逊觉得已经受够了基德公司的工作，他决定安排一次所谓的"学术休假"。他说他对"目前干的事情觉得有点累了"。他在基德·比博迪最后的那段时间里，主要专注于资金管理产品的销售和市场推广，而不是实际操刀进行交易。他更喜欢靠业绩来赚钱，而不是搞市场推广。他不喜欢市场推广工作，不喜欢推销投资产品，也不喜欢去拉投资人来投资。

罗伯逊带上妻子和两个儿子，离开纽约，去了新西兰。这次"学术休假"的目标，是要写一部优秀的美国小说，讲述的是一个美国南方佬北漂到华尔街创业成功的故事。但是，这本书他现在依然没有写完。根据罗伯逊的妻子乔西的描述，在出发前，罗伯逊在南汉普顿区花了不少时间写小说，而且比他在新西兰花的精力还要多。乔西说："到了新西兰之后，他很快就对写书的事厌倦了。"

罗伯逊去新西兰有两个原因。首先，他对新西兰丰富的地理资源感兴趣。另外，他的两个儿子司班塞和杰不会有语言上的障碍。当时，乔西怀着孕，回美国后不久，就生了小儿子艾利克斯。罗伯逊觉得，按平均面积算，新西兰比世界上其他任何国家都更具地理多样性，所以他要跟家人一起去好好看看这个地方。从某种程度上来说，他的心从此就留在了新西兰。他认为，纽约和新西兰是这个世界上他最喜欢的两个地方。他后来在新西兰建了一所度假屋、一个高尔夫度假区，还买了一家酒庄。他后来回忆起他的那次"学术休假"，说在那里人人平等。对那里悠闲自在的生活，他更是钟情。他经常打网球，还参加其他的运动。他说，在新西兰，很难买到新网球，他和家人经常打的是坏的球。那里的情况就是如此，这也是他喜欢那里的原因之一。那次的体验让他意识到什么叫好东西。他也意识到,他应该珍惜已有的成就。然后,他做出了下一个阶段的人生规划。

当他离开新西兰回到美国时,他就下定决心:该结束在基德·比博迪的工作了。

4

猛虎找到新的猎场

虽然在公司里，对于哪些投资可以进行、哪些投资不可以进行，最终都是由他来决定，但他会充分利用来自优秀学校的优秀人才。他会训练他们，让他们就一个观点或问题去问很多的问题，找出很多的答案，永远如饥似渴地学习和掌握信息。

华尔街的工作跟很多职业运动一样，比分随时记录，每天都会计算平均收益率。要想在华尔街出人头地，特别是在当交易员、经纪人，以及在资金管理方面取得成功，那就要有运动员的品质。不是运动员的也可以在华尔街存活，但真正能够在华尔街脱颖而出的是某一群人：他们有自己的团队，懂得竞争之道，深谙输与赢的差别。在华尔街，每天的工作都有记分牌记分，只有那些参加过竞技比赛的人才能真正了解记分牌的含义和它对成功的意义。

对于罗伯逊来说，他只知道自己一人埋头苦干，自己记分，用自己的高水准平均业绩来赢得大众的认同。毫无疑问，对冲基金是少数几个从业者的能力只依其管理资金的能力来评判，而回报只依其努力的程度得到真正反映的行业之一。罗伯逊觉得，他别无选择：他必须创立一只对冲基金，这是唯一能够让他一战成名、让他在华尔街立足之举。

他从新西兰回来后就决定要创立老虎基金。他目睹了老琼斯的成功，其他人也成功地创立了自己的对冲基金。他很喜欢这样的概念：投资人要么投资，要么不投资；要么走，要么留。对他来说，他的做法还更简单。他很高兴看到索罗斯和罗伯特·威尔逊也在对冲基金方面获得了成功。面对这么多人的成功，他知道，他别无选择。

他还喜欢的一点是：在对冲基金行业，回报和业绩成正比。干得好，回报高；搞砸了，没有回报。没有什么定额或基本工资之说，全看基金经理，看他为投资人赚钱的能力如何。如果基金经理交易成功，投资人获得利润，那么，基金经理也将获利。反之，如果交易不成功，则基金经理什么钱都拿不到。他们的利益跟投资人的利益是密切挂钩的。这样的模式，罗伯逊很喜欢，对他而言非常适合。

1980年5月，罗伯逊跟当时的合作伙伴索普·麦肯锡创立了老虎基金，管理着约800万美元的资金。罗伯逊休假去新西兰的时候，是麦肯锡帮他打理客户的。最终，麦肯锡在1982年因个人原因和职业原因离开了老虎基金。离开之时，他的身家比刚创立公司之时高了许多。

要创立一只新的对冲基金，准备各种文件、寻找投资人是非常重要的事情，然而，最重要的事情是起名。他们两人尝试着给公司和基金起名，起了几个，但都觉得不适合。最终，是罗伯逊 7 岁的儿子司班塞提出建议——就叫"老虎"吧，两位合作伙伴感觉很合适。而司班塞之所以提出这样的建议，是因为每次罗伯逊叫不出别人的名字时就叫人家"老虎"。

基金成立了，但是他们对最初所筹集到的资金量非常失望。作为基金经理，他们跟其他人一样，总觉得自己的人脉很广，如果要开展业务，会有人把钱投给他们。不过，罗伯逊相信，根据当时的投资基数，他可以把公司的资金规模发展到 1 亿美元。不过几年的工夫，他就把这个想法抛之脑后，因为他意识到，如果业绩好、股市强劲的话，他的公司会变得非常强大。

博奇也是老虎基金的客户之一。早在 20 世纪 80 年代初，老琼斯就拜托博奇来接管 A. W. 琼斯公司的日常运作。博奇接手之后，使公司实现了较大的转型，把原本通过自己内部的基金经理和交易员直接交易的做法，变成投资一系列基金公司。

这就使老琼斯的公司成了持有多只基金的基金公司。如此一来，A. W. 琼斯公司降低了运作成本，对琼斯风格对冲基金的利用也达到极致。博奇的首选就是老虎基金。此时的老虎基金已经运作 1 年左右了。博奇一直在四下搜寻对冲基金进行投资。他自己找到 5 家合适的，公司的基金经理们找到了 3 家。博奇很喜欢老虎基金，每年都把公司的钱往里投，直到老虎基金在 2000 年关闭。

在20世纪80年代，一般人都不敢轻易尝试创立一家资金管理公司。当时，道琼斯指数在850点上下徘徊（而在1966年的时候，最高达到1 000点，之后就如自由落体般掉到650点，之后才开始反弹）。1982年、1983年开始，里根总统减税政策相继出台，华尔街开始渐入牛市。结果是，整整5年，牛市把道琼斯指数推上2 700点的高位。

罗伯逊在创立了老虎基金之后，把在基德·比博迪和华尔街学到的经验都充分利用起来。他早就知道，成功的关键是要建立万能的人脉，有需要的时候能找到人咨询。他刚开始工作的时候，就开始不断努力在全世界范围搭建自己的关系网，经常询问他人有关潜在的投资标的，并且把自己的想法告诉他们，听他们的意见，然后才做出投资决定。

刚到华尔街不久，罗伯逊就明白了一句格言：一朝为销售，终身为销售。做过销售的人都极难反驳这句话。而在华尔街做过销售的人，几乎不可能反驳这句话。不论从哪个角度，大家都能看出来，当罗伯逊创立老虎基金的时候，市场推广绝不是他的兴趣所在，但毫无疑问，他在这方面的技能使他成功地拓展了业务，远远超出了他自己的想象。在老虎基金初创时期，他意识到跟投资人和潜在投资人保持密切沟通的重要性，这对公司的成功至关重要。因此，他非常积极地把公司的业绩作为卖点，向投资人进行营销，吸引他们把资金投到老虎基金。他的关键营销策略是给投资人写信。

老虎基金成功的秘诀之一就是沟通。罗伯逊是写作的高手，他很喜欢把自己对市场、对经济、对白宫甚至对世界的看法以文字的形式告知投资人。他能够成功地进行市场营销和吸引资金来投资他的基金，原因之一就是他愿意与在美国或国外的客户沟通。同时，他还通过他超强的关系网来快速搜集信息，速度比他释放信息的速度还快，这使他成为一条"信息高速公路"，而信息高速公路这个概念在多年以后才成为一个现实。

罗伯逊创建老虎基金之时，他的关系网已经非常庞大，一旦有需要，他拿起电话就能找到可以帮他的人。对于自己的关系网，他非常引以为豪：都是潜在的投资人。正是因为有这样的技能，并且他不断调整、扩展这个网络，才为老虎基金的未来发展打下了坚实的基础。

他通过打电话获取信息的手段简直就是艺术。有一位记者亲眼见过他打电话，该记者觉得电话的快速拨号功能就是为罗伯逊发明的。他的电话一个接一个打个不停。在公司的时候，罗伯逊要么是在打电话，要么是在看图表，要么是在查看信息。他不断扩展他的网络，他要确保一旦老虎基金获得了新的信息，他随时能找到可以帮他分析的人。

多年来，罗伯逊创建了一份长长的通讯录，那是他在全世界范围内接触过的人的名单。他还不断地结交朋友，并筛选、剔除不需要的人。他存储信息的能力也让人刮目相看。

他创立老虎基金，工作量非常大，每天都得连轴转。一心多用是对他最好的描述。开会的时候，他没有一刻的停歇。他左一个电话、右一个电话，不断了解情况——打给朋友，打给前同事，或者纯粹就是打给他想与之说话的人。

他天生对数字敏感，但他搜集并处理某家公司信息的能力，而且是财报之外的信息的能力，可谓神秘莫测。朋友们和同事们都说，在社交场合，他和蔼可亲——举止得体、幽默风趣。但当他集中精力的时候，他会变得非常专注。他还能够非常准确地洞察对方的种种弱点。做投资决策的时候，他会毫不犹豫地深挖对方的弱点。

跟其他对冲基金一样，他的公司起初规模较小，他本人和麦肯锡包揽了绝大部分甚至全部的研究工作和交易操作。罗伯逊跟我说，为了做一个经深思熟虑的决定，他必须对情况有彻底的了解，必须了解每个变数在现在和未来可能造成的影响。随着公司不断扩大，他无法再一个人来分析所有的信息。所以，虽然在公司里，对于哪些投资可以进行、哪些投资不可以进行，最终都是由他来决定，但他会充分利用来自优秀学校的优秀人才。他会训练他们，让他们就一个观点或问题去问很多的问题，找出很多的答案，永远如饥似渴地学习和掌握信息。

随着老虎基金所管理的资产不断增加，公司员工数量也增加了。但是，老虎基金存在那么多年，兵很多，将军却始终只有一个。虽然罗伯逊能够引以为豪地说他聘用了很多聪明人，但是在公司草创之时，还是有不少书呆子或者纸上谈兵的人混迹公司，成了团队的包袱。

罗伯逊能够像他母亲那样用幽默调侃的方式来进行沟通。但他有时候也会搞过头。不少同事都庆幸自己能够应对那种过头的幽默，但他们都知道自己被打败过。前面说到，罗伯逊很注重自己的外表，所以，那些不那么修饰自己的人，就成了他开玩笑的对象。他对别人的衣着很注意，并会仔细打听细节。看到别人穿的衣服好看，他就会问是在哪儿买的，还经常去买。但是，如果看到有的人穿着不入他的法眼，他就会永无止境地开玩笑。有一位前同事把罗伯逊的挖苦比作蚊子的叮咬：奇痒不止，必须一直抓挠，结果是破皮流血。

老虎基金不断壮大，公司内部的人事冲突、对老板的不满也愈演愈烈。在大的投资机构里，这样的问题司空见惯，很多人看在业绩好、回报高的份上都忍了。在老虎基金，员工能拿到的钱超级多，他们也都知道，他们只想继续拿这么多的钱，他们就当这是忍受老板所得的补偿了。起初，老虎基金的业绩非常好，回报也非常高，于是，一切的忍受都是值得的。随着公司不断扩大，回报更高了，那些忍受也就更值得了。大家都沉浸在 20 世纪 80 年代的成功的喜悦之中。而对罗伯逊和他的老虎基金来说，这只是道前菜，大餐还没开始呢。

1980 年 5 月的时候，在扣除所有费用之后，公司的回报率已经高达 54.9%。截至当年年底，标准普尔 500（S&P 500）指数增长了 28.9%，摩根士丹利资本国际（MSCI）指数增长了 21.8%。老虎基金刚起步就开门大红。到了 1981 年，老虎基金继续脱颖而出，扣除所有费用之后，回报率为 19.4%；而 S&P 500 指数的增长只有 4.9%，MSCI 指数只增长了 4.8%。

对罗伯逊来说，从基德·比博迪辞职出来单干，是他人生中做出的最棒的选择。此时，他不仅享受着将资金纳入老虎基金的回报，更享受着成功操作资金给他带来的丰厚回报。经过一年半的时间，老虎基金的团队已经踏踏实实地走在了成功的大道上。此时，他们意识到，绝对不能做出错误的决定。

猛虎开始咆哮

全球宏观交易中有更多的变数，比单纯做空/做多证券要复杂得多。其中最大的变数之一是政治风险，以及评估政治风险的能力。

1982年和1983年，老虎基金都跑赢了大盘，扣除所有费用之后，回报率分别是42.4%和46.7%。到了1984年，老虎基金的表现继续优于大盘，投资人的净回报率略高于20%，而S&P 500指数只增长13.9%，MSCI指数只增长15.5%，而且后两者都达到了它们的历史性高点。1984年的第四季度，老虎基金的回报率几乎还有17%，而S&P 500指数只剩可怜的1.7%。罗伯逊的基金不断成长，投资人不断往里投钱。

所谓对冲基金，概念挺简单的。从本质上来说，与传统的只做多的基金相比，对冲基金赋予基金经理更广泛的策略与投资工具来操作资金。理论上来说，基金经理可以利用这样的灵活性在市场波动厉害的时候自我保护。其中最普遍的策略之一就是多空对冲。大多数比较出名的基金经理通常会从这样的策略开始入手，渐渐转入其他策略，如全球宏观交易、各种套利策略，还有在某些情况下，可以进行固定收益投资等。如果客户资金量不够，或者基金经理认为自己的技能可以用于其他投资管理领域，他们可以改变投资策略。有些基金经理涉足其他的领域，一方面是为了拓展自己的业务，同时，他们也认为新的策略和新的基金是他们资金管理工作的自然延伸，因为随着公司不断地发展，投资人要求他们提供更广泛的服务。然而，很多策略都有其局限性。基金经理不想把手中管理的资金拱手让出，他们就不得不考虑使用其他策略来应对不断涌入的资金。

老虎基金也面临这样的困境。罗伯逊的公司此时已经是有30多名员工的团队了，他们都是对冲基金业的佼佼者。再仔细看每个人的资历，会发现他们当中藏龙卧虎。1984年，老虎基金通过做空，实现了超额利润——一半以上的业绩是通过做空交易实现的。罗伯逊及其团队可以说是在真正运作对冲基金了。不管市场如何，老虎基金都赚钱，这也就向他们的投资人证明了：他们不只会通过传统的做多方法来赚钱，他们也能通过做空方法来发掘更多的机会。

投资人的反应是继续投钱给老虎基金。随着资金的增多，他们就需要更多的投资标的。寻找新的投资机会变得越来越难，所以罗伯逊聘用了更多的分析师在股市搜寻好的投资机会。他说，解决问题的方法就是多找一些优秀的人来一起攻关。他知道，公司要发展，有两条可行之路：传统股市和全球宏观交易。

在传统股市方面，他对当时的经济状况和美国企业进行分析后得出结论：应该保守谨慎。他相信，股市里太多的人乐观，这反而让他对未来不是那么看好。"投资建议情绪"问卷调查显示，59％的受访人持牛市态度，只有23％的人持熊市态度，其他人则观点未确定。那年的最初两周里，美国证券交易所的保证金交易量和柜台交易量都很大，卖权买权比很低。（所谓的保证金交易，就是投资人根据他们的投资组合，利用杠杆来买超额的股票。）这些情况在一般人看来是市场乐观的表现。

所谓的卖权买权比，就是客户所下的卖权单和买权单之比，也叫空多比。基金经理把它视作投资情绪的一个风向标。买权单多，卖权单少，就说明投资人的情绪是牛气冲天。但是，罗伯逊及其团队只有在大多数人都悲观的时候才会真正开始乐观。他看到数据显示，投资人通过借款为他们的投资组合融资创下纪录。调研清楚地显示，投资大众都持牛市心理，这继续推高股市。与此同时，真正聪明的人开始努力做空。职业投资人都相信，狂欢的气氛终将消散，市场转为熊市只是迟早的事儿。

投资经理们还注意到，市场缺乏流动性，换句话说，市场里的真金白银不多，不足以推动形成一个高潮。流入市场的资金来自一些投机者，而不是来自养老金或退休金计划等。而投机者的钱不会长久停留在股市里。养老金或退休金计划的钱，通常能够起到稳定市场的作用，而此时的量却空前少。没有了机构投资，安全网看起来不那么安全。

罗伯逊及其团队一直在寻找方法，要好好地利用此时的机会来大赚一把。他们需要找对的地方把钱投进去，滚出更多的钱。他们平时不太注意小盘股。这些股票体量比较小，大多数投资公司都不会花时间去研究。它们所代表的公司都是些新兴公司，通常不是主流投资公司关注的对象。这样的股票罗伯逊及其团队以前也没有关注，不过此时看来，这些小盘股非常有潜力。

为了深入这个未知领域，罗伯逊抓起电话向他的投资人求助。他问有哪些公司没有进入他的调研范围，而此时又是较好的投资标的。过去，很多成功的基金经理都深挖过，把小公司的股票纳入投资组合来获取回报。罗伯逊相信，目前这样的机会已经成熟，他想让他的投资人给他提供信息来找这样的公司。这是他向投资人打出的第一个求助电话。

他觉得，1985年整体形势不好。在花开的时节，公司开始采取一系列防御性的投资动作。很多现象表明，整个世界都乱套了。有两件大事在他头脑里警钟长鸣。其一，在短短几周的时间里，S&P 500指数的收益率与S&P AA指数企业债券的收益率竟然相差175个基准点。这就使债券比股票更加吸引人，而这对基金经理来说不是好事。其二，美元猛跌。罗伯逊认为，这将在股市和债市中引起负面反应。他的研究显示，经历过墨西哥比索贬值那样的货币危机，外国投资者之所以没有蒙受损失，是因为贷款以美元为主导。当比索兑美元的汇率从28比索可以兑1美元暴跌到200比索才可以兑1美元时，借款人会蒙受损失，那是因为他们必须用美元来偿还贷款。现在，美元跌了，贷方开始蒙受损失。罗伯逊觉得，此时贷方会将其在美国股市和债市的仓位清空。

虽然老虎基金看到了股市的这个巨大机会，它还是小心谨慎地行事。罗伯逊判断，股市波动性太大，他需要采用较保守的投资策略。回顾他采用这种投资策略，有三个原因：第一，华尔街乐观的牛市情绪；第二，就柜台交易和美国证券交易所问题而言，投机气氛浓烈，与之相反的是养老金、退休金计划的低仓位；第三，美元贬值。

但是，罗伯逊还是认为，在1985年3月的时候，有些股票便宜得"离谱"。而且，他在购入被低估的股票方面积累了不少心得。投资某些股票已经时机成熟，罗伯逊及其团队都认为，此时很容易就可以找出哪些股票应该买进并且大量持仓。

但是，只靠寻找这样的潜力股并不能让老虎基金挺过市场的波动。他们还需要寻找其他的标的。他们还需要进入全球大市场。于是，在积极寻找新的潜力股的同时，他们还不断拓宽公司和基金的整体投资策略，开始进入全球大市场，以寻求更多的利润。老虎基金已经把做多/做空的游戏玩得炉火纯青，现在，他们开始面向更新、更大和更具流动性的市场。答案很简单：全球宏观市场。

用最简单的话来解释，全球宏观交易就是在不分国界、经济体和政治环境的情况下进行交易，来赚取利润。换句话说，就是要有能力在全球任何地方的股市进行投资并赚取利润。大多数的全球宏观交易都是针对不同国家的地缘政治、经济和政府的情况采用不同的投资策略，找到某个投资标的来获利，如当地货币、固定收益证券或某家公司。有些基金经理通过对特定国家进行研究来投资，也就是说，他们在某一阶段，只研究某一国家及其周边环境，基于某几方面的因素，只做一项投资决策。而有些基金经理的做法就比较宽泛一些，他们在全球范围内投资。

基金经理在进行全球宏观交易的时候，通过由上而下的视角对全球经济趋势做一个分析判断，然后构建一个投资组合。他们需要考虑利率、经济政策、通货膨胀、政府稳定与否等很多因素。他们观察某个国家或地区的整体经济情况，而不是只看某只股票或债券的表现。这些基金经理之所以这样做，是希望能够从整个资产类别的价值变化中赚取利润。比方说，他们可能做多美元和日本证券指数，但同时又做空欧元和美国国债。进行全球宏观交易的基金经理其实可以在全球的任何证券市场上操作并赚取利润，因为他们可以使用几乎无限的资源来寻找各种投资机会来获利。这样的交易，如果获利可能很丰厚，当然，如果亏损也可能很吓人。操作的关键是不要在一棵树上吊死。虽然很多人会担心损失巨大，但是更多人被这种策略所带来的巨大利润所吸引。基金经理都愿意进行全球宏观交易，因为他们可以投入很多的资金，而无须承担不必要的风险。

滑点，是基金经理在接受新的资金时必须考虑的一个重要因素，不可忽视。他们需要计算在不给市场造成影响的情况下，可以把多少钱投入或移出他们的投资组合。仓位太大，会导致股价升高太多，他们的利润就会降低。他们需要确定的是，在达到利润预期的时候——更重要的是在仓位开始对投资人不利的时候——可以顺利出手。仓位确实不能太大，要不然在股价跌的时候可能来不及出货。做多/做空操作对资金的量有一定的限制。一旦基金经理所管理的资金超过某个额度，投资组合就变得臃肿，因此公司需要判断仓位，否则公司的操作就会对市场产生不利的影响。于是，公司开始尝试一些可以应对大额资金和流动性较强的新策略。这也是像罗伯逊、索罗斯和斯坦哈特这样的基金经理进行全球宏观交易的原因。他们所管理的资金量太过庞大，要把它们投出去，唯一的方法就是走向更大、流动性更强的市场。但是，当时股市的流动性也是有限的。与债券市场和货币市场相比，股市里除了最大的公司之外，其他公司的流动性都很弱。因此，为了能使资金快速有效地进出市场，而不搞出很大的动静，基金巨头们把目标转向了流动性最强的对象：货币。全球市场流动性最强的货币是美元、欧元、英镑和日元。

20世纪80年代，是罗伯逊和老虎基金的资产快速增长的时期。罗伯逊及其团队从价值投资型对冲基金，转向全球宏观交易。随着全球范围个人和机构资金的不断注入，罗伯逊和分析师们需要找到更多可以投钱的交易方法。在证券市场，投资人开始面临某公司股票的深度和广度存在局限性的问题。但在全球宏观市场，很少有什么深度、广度的问题。罗伯逊和他的分析团队意识到，债券市场以及货币市场如此之大、流动性如此之强，他们可以投入大量的资金，构建杠杆仓位，而且不会陷入流动性问题的桎梏之中。

1985年，老虎基金团队在操作全球宏观交易之初满怀希望。他们的第一笔交易对象是美元，而且获利巨大。这次的获利，使得罗伯逊得到了第一手经验：这块市场可以让他投入巨资，并且获得巨大利润。他们在这次突袭进入美元市场获得胜利之后，改变了交易的方向，从单纯只交易股票和与之相关的产品，到有什么可以交易就交易什么。

罗伯逊说：

> 其实，我们自己都没有意识到，我们把越来越多的资金投入那些类型的交易，是因为其流动性比其他的都强；然后，通过类似渗透的方法，我们就更多地参与了全球宏观交易。这是一个长期的演化过程，很适合我们公司。

在1985年整个第一季度里，老虎基金的业绩起起落落。最初的两个月，公司的业绩只比S&P 500指数的涨幅高0.5%。但是到3月底的时候，公司跑赢大盘约4%。第一季度S&P 500指数增长约9.2%，而老虎基金业绩增长12.9%。

之所以能够跑赢大盘约4%，是因为老虎基金重复利用了美元当时疲软的情况。当时，美元兑英镑跌了20%，相对于市场其他主要货币也贬值了10%以上。这对罗伯逊来说简直就是天大的好消息。他认为，美元太过强劲是美国经济面临的最大困难之一，于是他决定要抓住此次美元贬值的机会。

5月底的时候，老虎基金出现了对罗伯逊不利的问题。老虎基金在做空仿制药的时候大亏了几笔，这把老虎基金的回报率拉低了5%。之前，罗伯逊和他的团队以为，那些公司毛估值过高，股价必定会下跌；但是，市场的其他所有人都认为那些公司估值过低，并把股价继续推高。虽然罗伯逊坚信股价必然会做出修正，他们的损失也会随着修正得以弥补，他依然决定向投资人说明情况，说他也是人，他们团队也会出错，这在所难免。但是，他告诉投资人，老虎基金的业绩不可能保持公司前五年的高水平，因为那样的增长是"无法持续的"。不过，他不会撂挑子。相反，他号召投资人继续投钱到他的基金，因为毕竟他目前做的事情是对的。老虎基金在仿制药交易上的损失得以弥补，并开始做空美国烟草，做多克莱斯勒公司股票，获利都不错。克莱斯勒公司把自己从破产边缘拉了回来，开始生产低成本产品，似乎是走上了正轨。老虎基金操作波音公司的股票也赚了钱。1985年，航空公司的股票涨了15%，加上美元相对于英镑和法郎疲软的原因，波音公司的订单应该会增加。波音公司会成为英国和法国同行的主要竞争对手。

虽然罗伯逊心里想着波音公司，但他的注意力也放在了离自己比较近的公司。颇尔公司的总部位于纽约长岛，专门制造各类过滤器：过滤啤酒的，过滤血液的，都有。公司产品可以对直径大到40微米、小到0.04微米的颗粒进行过滤，前者是肉眼可见的最小颗粒。因为罗伯逊住的地方离颇尔公司不远，他知道那家公司声誉不错。他跟颇尔公司首席执行官谈过,对公司一流的管理和坚不可摧的实力有第一手的了解。虽然颇尔公司的发展由于美元走低受到影响,但罗伯逊对他自己的所见所闻颇为满意,非常看好这家公司。虽然他很想拓展投资的领域,但被低估的股票还是占据老虎基金投资组合的重要部分。

1985年年中的时候,老虎基金的气势又回来了。那个季度,老虎基金的表现优于S&P 500指数7%还多,全年优于S&P 500指数12%。罗伯逊对此成绩很满意,但他还是对前景忧心忡忡。他手头的数据显示,经济一直受益于低利率的驱动,因为低利率可刺激经济。但是,问题是消费者的消费方向是错的,因为他们购买从欧洲、日本等地进口的东西。罗伯逊想,如果这样的消费进一步加强,真的对美国经济有好处吗?美国的制造业被进口的低成本产品打压,制造商陷入困境。唯一能看到增长的地方是服务行业。这让罗伯逊非常担忧。他的研究显示,没人关心这件事情,如果有人关心,那也是极少数人,更没有人能够就下面这个问题给出令他满意的解答:我们国家不需要制造些东西吗?一般的解决方案是让美元更弱,使进口产品成本升高。

罗伯逊不喜欢美元慢慢走弱的步调,他想要美元跌得更快些。上述问题继续存在。与此同时,他和他的团队在证券市场找到了大好的机会。简言之,股票超级便宜。当时,股市估值过低,投机者和大公司都开始大量买进股票。大公司之所以回购自身的股票,是因为价钱超级便宜;投机者之所以大量买进股票，则是因为估值偏低的公司很容易成为恶意收购和杠杆收购的对象。并购的狂躁不断发酵。结果是，并购时的成交价远远高于市场水平。如果并购还不够，公司则会趁股价低进行回购，这就会导致股价上涨，老虎基金的业绩就会持续走强。不过，罗伯逊还是一直保持谨慎的态度。他要确定自己管理的基金受到保护，不被任何突发或严重的股市大跌或起伏所影响。为了保证老虎基金的利润，更重要的是要保护老虎基金免受重大损失。他买入看跌期权，其作用是保护老虎基金免于3%以上的损失。这样的期权虽然无法让老虎基金免于因选择个股错误而蒙受损失，却能够大大减少市场风险。

仅仅过了28天，罗伯逊就改变了他的步调，开始变得谨慎而乐观。美元确实跌到很低的水平，这就让他对通货膨胀和利率不那么乐观了。他相信，经济确实是在走强。整个夏天，一直到秋天，他都保持这样的想法。美元继续往下跌，进口产品越来越贵，出口产品越来越便宜。美元走低，意味着非服务行业，如农业、制造业和矿业，可以开始发展。虽然还为时过早，无法判断美元的下跌会如何帮助美国经济，但罗伯逊认为，一点点的帮助也是帮助。对老虎基金来说，1985年的夏天是个美好的夏天。进入秋天，在9月的时候，老虎基金的业绩提高了34.7%，而S&P 500指数跌了2.7%。虽然在投资个股方面老虎基金做得不那么好，但是表现总体越来越好。罗伯逊觉得，在选择个股方面他们战果不好，是因为前一个季度这些股票表现较好，这个季度只是回调而已。美元的走弱继续对老虎基金有利，对刺激经济有利。如果美元如此走弱都无法让投资人产生兴趣，罗伯逊就会拿起笔，开始解释为什么这一波的并购潮应该让他们感兴趣。几乎所有的并购交易价都是高于市场价格。老虎基金虽然没有参与这些并购交易，却无法不受到市场的影响。例如，老虎基金在 8 月以每股 12.50 美元买入爱维奥公司的股票，并购时的收购价是每股 25 美元。老虎基金以每股 9 美元做多帝国航空的股票，后来以每股 15 美元卖出。罗伯逊获得了巨大的利润，同时，他也非常有兴趣了解一下并购者对这两家公司的评估与投资人对这两家公司的评估的差距到底有多大。

在 1985 年的最后几天里，罗伯逊对新年将带来的机会充满期待。他认为，有很多人准备了很多钱，伺机而动，随时可以进入市场，并且，并购热潮不退，这就意味着股市将会大涨。他认为，这是他和投资人获利的一个极佳机会。1985 年 12 月 13 日，他曾向投资人发出警告：如果他们的圣诞礼物清单里没有宝石或钻石，那么这封信就不要给妻子看。这一年对投资老虎基金的人来说，是丰收的一年。当美元贬值时，他们押对了，扣除所有费用之后的回报率是 51.4%，而 S&P 500 指数只涨了 31.7%，MSCI 指数也只涨了 40.6%。罗伯逊期待 1986 年也会同样精彩。大量股票因为并购而摘牌，股市因此开始收缩。如果此时有投资人想要买食品公司股票，选择就少了很多。很多公司被并购，如通用食品、纳贝斯克、艾奥瓦牛肉包装厂，还有三花公司；而诸如拉尔斯顿和家乐氏又不被看好，因为这两家公司正在大量回购自己的股票。罗伯逊认为，因为杠杆并购和企业回购，几乎10％的股票不能活跃于市场。他觉得，这个数字很惊人——短时间内，谁能在市场收缩10％的情况下找到替代品呢？然而，根据他的研究，现实情况是：只要供应萎缩，需求必定增加。养老金不断增长，退休金计划也在增长，个人退休金账户余额也增多了，外国投资者也不断将大量资金投入美国。他觉得，1年内，可能有1 300亿美元的资金进入美国市场，加上国内个人投资者，这都是对股票的需求不断升温的潜能所在。

1986年初，罗伯逊意气风发，老虎基金也铆足了劲儿继续发力。自1980年成立以来，他的公司发展迅速，这出乎他的意料。虽然公司不断发展壮大，但他还是谨慎行事。他坚持让他的投资人清楚地明白，他们所投的钱是用于哪种投资工具。他清楚，有些投资人不清楚此时老虎基金到底是如何赚钱的。似乎有些投资人认为，就因为老虎基金做空，所以它就赚了那么多钱。他花了很大的力气来解释，虽然做空确实在股市低迷时作为缓冲化解了风险，赚了些钱，但是，如果股市下跌30％～40％，单纯做空的行为并不能成为他们投资组合的救命稻草。他希望他的投资人明白，如果股市真的跌这么多，他们的投资组合可能损失15％～20％。毕竟老虎基金是搞证券交易的公司，因此，证券市场的大势一定会影响其总体业绩。虽然罗伯逊向大多数投资人都清楚明白地说明了相对业绩的事情，但是，他说老虎基金要的是绝对收益。所谓"绝对收益"，就是投资所产生的真正回报，是根据所赚的或所亏的真金白银来算的。而

"相对业绩"是把某项投资跟另一项类似或相同的投资进行比较的结果。对于对冲基金，大多数情况下大家看的都是绝对业绩。而对于共同基金，大多数情况下大家看的都是相对业绩。老虎基金绝对只看重绝对回报。能超过业界的平均水平当然好，更重要的是要绝对赚钱。

有一个问题开始慢慢地浮出水面，让罗伯逊及其团队开始思考：股票交易很明显确实给公司带来了可观的收益，但公司其实应该加大全球宏观交易的力度。就在几个月前，罗伯逊还跟他的投资人保证：投资组合的"限定"风险敞口不会高于3％～4％。但是现在，他想改变这一投资人协议，允许投资组合有"最高25％"的股本风险。罗伯逊的公司将对投资重点做重大调整。这对基金经理和投资人来说，都是很好的事情。

一些给罗伯逊投资的人和观察人士都认为，他积极进军全球宏观市场，是因为他有"特殊能力"，他能比别人更早地看到、发现趋势。在资金管理界，今年某种东西热门并不代表明年它也会热门。罗伯逊的厉害之处就在于，面对美国或全球市场的投资机会，他可以"见树也见林"。面对投资机会，有很多基金经理会凭着感觉冲动行事，进出市场。罗伯逊可不会这么干，很多亲眼见过他做投资决策的人都这么说。他不会感情用事，而只会头脑冷静地做出清晰明确的投资决策。

他在1986年2月给投资人的信中写道："我们的强项是选股，对的、错的都有，而不是商品交易，这两者是完全不同的范畴。但是，把自己排除在任何可能性之外肯定是错的，因为这样做将错失机会。"这封信的目的是要说服投资人，让他们允许老虎基金把商品交易也纳入投资的范围。那个时候，老虎基金的私募备忘录（PPM）里说，投资人无意投资商品与期货。为了能够做此类投资，老虎基金需要说服投资人，同时也需要说服商品期货交易委员会。因此，罗伯逊引用了他在基德·比博迪工作时在白银市场所获得的成功案例加以说明。以下是信的部分内容：

> 过去，在商品交易市场出现过某些特别的情况，而我没能把握机会，那是大错特错。有些人早在60年代末期就认识我，当时我还是基德·比博迪的年轻交易员。我发现了一件事情：财政部在公开大量抛售白银，从而对白银的价格封了顶，但是，财政部却发现自己出现了白银的不足。投资白银就成了我做过的最佳投资，绝对不是因为白银没有风险。之后，大家可能还记得我们如何在草本植物消失之际，还疯狂进行牲畜的期货交易。

不久之前，罗伯逊的公司在货币市场又获得了巨额的利润。1985年，公司在货币方面的交易只占总投资的28%左右。罗伯逊和他的团队将货币交易的风险限定在5%左右。他看到了机会的出现，于是他想要尽可能把握这个机会。虽然老虎基金已经被授权进入货币市场，但是其风险敞口的限度早已被明文定死。为了能够把握这个机会，罗伯逊需要更改现有的投资协议。

对冲基金的主要运作方式是由私募备忘录来规定的。这类似于招股说明书，里面会详细说明基金经理会如何运作投资人的资产，允许使用哪些策略来赚取回报。当时，老虎基金的资金管理协议里有这样一个限制：普通合伙人（即基金经理）当前无意交易商品和期货合约，若要交易，需要先在商品期货交易委员会注册成为商品池运营商。罗伯逊一直想购买铝期货，但是不能买，因为上述协议规定他不能这么做。他相信，这项条款让他损失巨大。现在，他看到石油股大有机会可以做空，同时可以做多石油期货。他相信石油股能把原油的价格拉到每桶20~22美元，而3月的原油期货每桶只有16美元。这个差距太大了，他想要狠狠地捞一把。但目前的问题是，受限于协议的条文，他不能这样操作。协议的内容应该改改了。他还需要在商品期货交易委员会注册。

他需要先给投资人一个说法——他需要更多的弹药。原因很简单：还有众多的机会需要挖掘、更多的市场需要攻克，他需要用市场上现有的众多投资工具来创造利润。投资人也毫不怀疑，他们都知道罗伯逊有那种神秘能力能够驰骋全球市场，找到可以运作资金赚取利润的地方。他在证券市场的基本运作也非常成功。投资人都认为，他在证券市场的成功，可以在货币和期货市场进行复制。他们希望他们的基金经理成功，他们希望罗伯逊可以使用任何他想要使用的投资工具来获得成功。因此，投资人同意更改私募备忘录里的条款，允许罗伯逊交易期货合约。

全球宏观交易把基本交易从公司级别提升到国家级别。如果失业率上升、消费信心降低，货币可能太强，这可能导致一国无法出口。基金经理会考虑所有信息，对长期价格做一个最根本的判断，然后采取相应的行动。

但全球宏观交易中有更多的变数，比单纯做空/做多证券要复杂得多。其中最大的变数之一是政治风险，以及评估政治风险的能力。

如果基金经理无法判断某个国家到底是稳定还是不稳定，那最好的决定就是不要去碰那个国家的产品。如果是公司，那就比较容易——如果某家公司管理不佳，那就意味着这公司不行，敬而远之即可。但是，在面对全球宏观交易的时候，则需要先评估某国政府和央行是否强健有力，以及对于当地及全球事件，它们会如何行动或反应；然后，再进行相应的投资。

罗伯逊满怀热忱与期待，想获得投资人的批准，让他的基金开始商品交易。他自己更有兴趣做对冲。他在给投资人的信里写道：

> 我并不是说我们所有的商品交易都赚到钱了。今后也不保证都能赚到钱。另外，我还是想指出，我们在商品方面并不十分擅长，而且，商品有内在的风险，因为在交易中使用了杠杆。但是，我还是强烈地认为，当机会来临的时候，我们不应因得不到批准而错失获利的机会。

罗伯逊建议对投资协议进行更改，以便老虎基金可以将商品头寸的最高风险额度提高到公司净值的25%。这意味着，如果老虎基金在商品方面有25%的股本风险敞口，他们最初需要拿出来的资金比总股本的2%或2.5%还低，因为普通商品的保证金比例低于1/10。这样的做法现金风险非常低。从理论上来说，如果所投的标的价值亏至零，老虎基金只会亏损投资组合价值的25%。但这是从理论上来说，罗伯逊认为，即使商品市场出现20%或30%的暴跌，他的基金也只会损失5%~7%。罗伯逊想向投资人传递的信息是：即使出现了较大的风险敞口，总市场风险敞口还是非常有限的。

罗伯逊和律师花了很大的力气向投资人解释：如果开始启用那些投资工具，可能有哪些风险、潜在的收益与损失。他向投资人保证，老虎基金的人会谨慎行事。

他说，即使已经获得投资人的批准，老虎基金也不会一直交易商品。但他认为，一定得有进行这种交易的权力，以便在机会来临的时候把握住获利的机会。他很明确地消除了某些投资人的顾虑，因为他们担心交易员挑选股票的能力及规避商品风险的能力不佳。同时，他也解释了：冒这样的险是值得的，因为回报很高。

在信的结尾，他提及1986年初的业绩。当年的前几周，老虎基金的业绩涨了8.4%，而同期S&P 500指数只涨了2%，形势一片大好。毕竟，根据中国的传统历法，那一年是虎年。第一季度，老虎基金的表现非常好，业绩涨了25.7%，而同期

S&P 500 指数只涨了 14%。但是，问题早已慢慢发酵。华尔街大多数基金经理和在华盛顿的人似乎都开始预测，经济要爆炸。但是，罗伯逊手上的数据却显示经济正在收缩。住宅销售在增加，汽车、零售业和资本品的销售却在减少。那是老虎基金在 1986 年最艰难的 6 周。第一季度过后，经济出现了重大的衰退，老虎基金使用的很多经济指标都显示前景不好。罗伯逊在几个月前就预测了市场会起飞，他此时只是在做防御性动作，静静地等待暴风雨的来临。在此期间，老虎基金的损失超过 5%，并且没有好转的迹象，也就是说，前一个季度所赚的钱可能会被抹掉。

上半年结束的时候，情况更糟糕了。老虎基金的业绩停滞不前，而 S&P 500 指数涨了 5.6%。罗伯逊把业绩出问题的原因归咎于市场普遍的过度乐观。他认为，债券交易员都做多，几乎没有人做空，杠杆交易达到空前的程度。他的交易变得非常谨慎。他在寻找其他的机会。他期待并等待情况会渐渐好转。利率在慢慢降下，原油价格也是如此，欧洲的经济情况开始好转。但他认为，短期来看，债券、国库券、股票的交易还是太过乐观，他甚至认为开始出现短期压力。罗伯逊认为，市场很快会有一个短期下跌，然后会继续走强。

他还在继续找寻获利的机会，因此，他需要对投资策略再度进行大幅度的改变。这一回，他告诉投资人，他要加大风险投资和私募投资的力度。

他相信，股票市场开始失去吸引力；以前价位合理的东西，如今已经是估值过高。如今，市盈率倍数和账面倍数都大大提高，他认为进行风险投资的时机已经成熟。

他决定要做一个性质重大但规模较小的风投尝试。起初，老虎基金对风投并没有太高的期望，占比也不大，低于15%。但是，他期待风投的利润能在老虎基金未来利润中有较大的占比。

罗伯逊显然对风投市场兴奋不已，但是一些投资人却心存疑虑。由于罗伯逊要进入华尔街流动性非常不强的投资领域，投资人开始担心老虎基金的流动性问题。投资人担心无法从老虎基金那里拿回钱。为了消除投资人的担心和恐惧，罗伯逊对他们说，私募备忘录里的流动性条款不会改变，投资人也可以继续每季度提取资金。他还保证，投资人每隔半年就有权退出老虎基金。

在私募投资或风险投资里，老虎基金的锁定期可能长达10年。假设私募投资部分出现严重亏损，加上投资人也不断撤资，老虎基金可自由交易的股本数量就会低于最佳水平。所以，罗伯逊也承认，把超过最低资金限额的任何资金都置于长期锁定状态是不明智的。

罗伯逊非常小心，他并不承诺下半年的业绩会变好。他只是在给投资人的每月信件中提醒他们：虽然老虎基金本季度不赚钱，但以往的经验告诉我们——"本季度业绩不佳，下季度业绩可能爆棚"。之前不太喜欢推销的基金经理，开始需要使用软销售技巧来吸引新的投资。罗伯逊很清楚这点，于是他在信件中还写道:"我们请您考虑增资。"

当年仲夏,罗伯逊决定加大步伐,并推出了美洲狮基金。美洲狮基金要求投资人锁定他们的投资期为4年,起初的股本和负债的占比约为股本三分之二、负债三分之一,并采取积极交易的投资策略。老虎基金的行事需要非常谨慎,因为投资人可以每季度都提取资金;美洲狮基金的资金锁定期较长,让罗伯逊可以在私募投资方面自由行动。在私募投资方面,所投的证券都是流动性小的,也就是说,投资人在短期内无法撤资。

1986年7月25日,罗伯逊在给投资人的信件中指出,老虎基金无法对梅西百货进行私募投资,虽然其价位很吸引人,但因为流动性几乎没有,所以不能投资。他必须这么指出,这非常重要,因为他相信市场市盈率高,几乎就等于私募证券的相对价格必定会上涨。除了投资的锁定期,美洲狮基金和老虎基金的另一个重大区别是:罗伯逊聘请了摩根士丹利帮助他集资。这就使得美洲狮基金的股本和负债的占比约为股本三分之二、负债三分之一,也就是说,它比老虎基金多了三分之一的资金来操作。罗伯逊很清楚,使用了杠杆,风险就增大了,因此,他需要采用某种对冲机制,来提供比公司正常的股票投资组合更为稳定的回报率。他所采用的方法也是他一贯为人所知的方法:做多好股票,做空差股票,然后结合使用商品和股票的对冲。这些策略让他能够对冲和管理好风险,保证利润源源不断地流入。

对于美洲狮基金,他打算采用"激进"的交易策略。在推出美洲狮基金之前,他认为他没有合适的交易员或交易专业知识来实施此类策略。于是,他聘请迈克尔·比尔斯来担任首席交易员。比尔斯之前曾在高盛从事股票交易和套利工作。罗伯逊给他的任务是将交易部门扭亏为盈,让它具有更专业的形象和氛围。比尔斯上任之前,交易并不是罗伯逊关注的重点。随着公司资产增长和新机会不断出现,交易就成了老虎基金不可或缺的重要组成部分。正是缘于罗伯逊对比尔斯的交易能力和实力的信任,罗伯逊才能为美洲狮基金制定并实施这样的交易策略。

由于他能够在市场上积极交易,罗伯逊才可以通过过度交易来利用流动性过剩。比方说,他喜欢IBM,也喜欢它在股市的表现,另外,他发现有几百万股IBM股票在市场上漂了好几个星期,而且其数量也渐渐减到最后的5万股或10万股。把最后这一部分买进,这应该是最合理的做法。这就是他所说的过度交易,这是他在老虎基金所采取做法的自然演变,现在在美洲狮基金也可以这么做了。

他向那些锁定投资期的投资人解释:如果他们愿意在四年中暂时不兑现投资收益,美洲狮基金将是一种出色的投资工具。"因为它的性质是长期锁定的投资,所以它的后劲会比老虎基金更强。由于其股本和负债的占比,它会有更多的资金可供使用。"

在20世纪80年代,老虎基金的人员规模只有16～20人;随着资产的增长,人员规模扩大到大约50人。虽然有许多人都参与了分析和研究，但最终的决策是由罗伯逊拍板。无论信息有多少、说法有多妙，未经他的批准，没有任何产品可以纳入投资组合。

美洲狮基金是在夏末推出的。尽管如此，1986年是令人失望的一年。公司在截至1986年9月30日的三个月内出现重大的亏损。在此期间，它下跌超过了7%。原油股票出现反转，公司的损失越来越大。因为做空，所以才有这样的亏损。1985年11月到1986年9月，油价暴跌超过50%，而原油股票却不断涨价。这一切都叫罗伯逊看不懂。对他来说，1986年秋天的原油交易是一场彻头彻尾的灾难，之后的情况也没有好转。他显然是少数派，因为华尔街的其他人似乎都相信应该做多原油股票，并且不断推高股价。尽管这些损失在这段时间显然给公司蒙上了一层阴影，但还是有一些好消息。仿制药公司的股票暴跌了——罗伯逊因此获得巨大利润！他相信，这些公司的股票严重高估，他也已经做空这些股票很久了。尽管如此，还是无法让公司扭亏为盈。天顶实验室的股票在本季度内下跌了约45%，是同期纽约证券交易所表现倒数第八的股票，罗伯逊的基金对其做空，但利润仍不足以弥补原油股票方面的损失。但他绝不轻言失败。他知道自己对原油的研究是正确的，而且他已经将公司的原油股票仓位定好，并会一直坚持到底。他看到一些公司的炼油利润率正在下降，他也不看好这些公司的业绩。对于原油股票仓位，他还有另一个层面的解释：他找不到合适的标的来做空。之前市场的小幅增长部分给他提供了很多做空的机会，但目前估值都严重偏低。情况之严重，令他根本无法做空，反而只能做多其中的一些公司，因为他相信它们会反弹。

1986年圣诞节前夕，罗伯逊在给投资人的信件中写了这样一句话："呸！骗人的东西！"他这是引用了狄更斯的小说《圣诞颂歌》里吝啬主人公斯克鲁奇的话。斯克鲁奇不喜欢圣诞节。老虎基金和美洲狮基金团队此时也都觉得没有圣诞的氛围，他们在全球宏观交易和股票的做多/做空交易方面都遭受了重大损失。老虎基金此时已经实现了扣除所有费用后17.4%的绝对增长，这已经很不错了，但是，罗伯逊却不满意老虎基金的相对增长。可能这是老虎基金成立以来第一次无法跑赢S&P 500指数的增长。还好，在那年最后的几个交易日，老虎基金冲刺了一下，终于胜过了S&P 500指数的增长。老虎基金险胜。

然而，展望未来，罗伯逊非常看好1987年。他相信，亚洲会有大量资金流入市场，从而推动股市走高。日本已经在美国债券市场上扮演着举足轻重的角色。甚至中国台湾地区也有每个月10亿美元的贸易顺差，并将这笔钱投入市场。罗伯逊相信，日本才是大钱所在。如果日本人直接将他们投在国债和房地产的资金部分转移到股市，股市将达到前所未有的高度。

日本市场如此机会众多，他举的第一个例子是丰田汽车公司。1987年，丰田汽车公司的股价是1986年每股收益的17倍，更是预测每股收益的22倍。与福特汽车公司股价是1986年每股收益的5倍和预测每股收益的7.5倍相比，丰田汽车公司的数字简直太好了。他举的第二个例子是东京电气。这家公用事业公司的股价是1986年每股收益的70倍,最近的市值相当于整个澳大利亚股票市场的总值。在这个时期,日本人还把目光投向了房地产市场和艺术品市场,造成价格的飞涨。罗伯逊希望亚洲投资者将注意力转向股市,这将进一步推高价格。他不相信自己可以预测股市,但他认为自己对当前发生的事情有所掌握,并且对新年到来之际所发生的事情有非常明确的看法。

1987 年股灾

罗伯逊相信，他并不是唯一得出以下结论的投资者：找到极佳的公司比预测市场上涨下跌的时机更容易。

在 20 世纪 80 年代的大部分时间里，华尔街充斥着香槟美酒和鱼子酱的美梦。

每个公司组织结构图上的每个级别的人都有幸体验到了从未有过的市场，还从恶意收购和垃圾债券时代里收割了巨额财富。华尔街的每个角落都在创造财富，并且流向全球的每个角落。这些财富让创造财富的人、交易经纪人和投资银行家都过上了一种穷奢极侈的生活。那个时期能够在华尔街工作，是种很美妙的感觉。发动机的所有汽缸都在喷发，似乎永远都没有熄火的可能性。

然而，华尔街上有一小股力量，虽然在不断成长，但其进展并不顺利。水涨船高，这是众所周知的道理，但如果有一些船只锚定空头，价格的上涨可能会带来具有毁灭性的灾难。老虎基金却在逆势而行。基金、基金经理、基金经理手下的交易员都陷入了恐慌。在绝对增长方面，情况并不算太糟；但就相对增长而言，老虎基金的表现却很糟。

此时，老虎基金的实力就全靠罗伯逊吸引和留住人才的能力了。正是在这些分析师和交易员的支持下，公司业务不断延伸、不断发展。老虎基金的发展速度如此之快，它不断遇到基础设施方面的问题。公司不仅需要具有敏锐头脑的人进行研究，还需要强大的后台人员来确保交易执行无误、清算无拖延。投资人的资金不断流入、前台和后台的基础设施都成为老虎基金成功的重要影响因素。且不论这些成长的痛苦，如何设计投资组合无疑是关注的焦点，也是老虎基金最看重的东西。罗伯逊和他的团队使用大量的杠杆行为从市场中获利，这很寻常。虽然老虎基金做多和做空没有固定的公式，但它的投资头寸通常为大约175%的多头仓位和75%的空头仓位，这就意味着：基于敞口的考量，是以多头为主。

1987年初，老虎基金的业绩发生了一些变化。它以约70个基点的毛增长率的微弱优势跑赢标准普尔指数。那是全球股市大动荡的开始。虽然报纸文章还高唱着个人投资者赚得盆满钵满，议会里两党的政客们也都在反对市场上的过度投机，但罗伯逊认为个人投资者并没有参与这种无节制的投机。他认为，最近股市的上涨并没有激起个人投资者的兴趣。相反，他认为个人投资者对此深感恐惧。罗伯逊得到的信息也让他相信，许多专业投资者都对近期的上涨并不看好。再者，日本人还没有将资金投入市场。由于日元极不稳定,日本人似乎还在观望。那么,老虎基金的人做了些什么呢?罗伯逊和他的团队只专注于挑选那些股市赢家。对于在老虎基金的周边、在市场内外的其他人在做什么,他们一概不感兴趣。他们需要寻找机会,并抓住机会。

在那段时间里,老虎基金的人觉得情况是利多,但还是略带一丝合理的怀疑。罗伯逊和他的分析团队以极大的信心进行运作,且保持较好心态。他们自认为只是选股者,而不是市场判官,并且,他们对包括自己的预测在内的任何市场预测,都怀着某种合理的怀疑。

3月,罗伯逊和他的团队的回报率与S&P 500指数的增长不分上下。1987年公司前三个月的回报率大致相同,约为20%(虽然这个绝对增长是不错,但在相对增长方面却不是那么强)。罗伯逊在给投资人的信中说他对公司的业绩感到满意。他还认为,老虎基金已经做好了准备,迎接市场可能出现的下跌,因为"在这种环境下,最终是不可避免的"。当这种情况确实出现时,他知道老虎基金的情况会扭转,因为他已经布好了局:当市场下跌时,运作的空头头寸会表现得非常好。

1987年3月6日,他又给投资人写信,评论了他认为正在席卷市场的一个新现象。他说,那是个"愚蠢的季节"而且正在迅速逼近,这就是市场疯狂走强的原因。市场强劲,要求投资人买入增长率上升的股票,并卖出增长率下降的股票,而不管那些公司公认的或内在的增长率,或市盈率倍数如何。他认为，投资人正在抛售诸如威达信集团（Marsh & McLennan）股票（这家保险公司的年增长率为15%～30%）这样的股票，而去购买一家半导体公司的股票（该公司的增长率刚刚由负转正，且交易价格约为1988年每股收益的40倍）。他写道，这种策略认为价值投资"完蛋了"，他才不会采用那样的投资策略。

与此同时，罗伯逊还发现了"愚蠢的季节"的证据。他看到市场上许多领域的股票都变成"自动的赢家"，尽管它们几乎没有任何内在价值。例如，他看到市场认为，任何公司，只要跟艾滋病的防治沾上一点关系，就成了自动的赢家。他的一些最好的经纪人和最聪明的合作伙伴打电话给他，讨论避孕套的事情，还说可以买进避孕套生产商的股票来获利。罗伯逊在科罗拉多州的一个山顶上遇到了类似的投资建议：一位来自阿斯彭的年迈的冰岛滑雪教练追着向他询问避孕套行业的投资价值。

不过，老虎基金的研究却显示完全不同的结果。首先，有数据显示，虽然市场有明显的好转，但治疗疾病并通过预防与疾病做斗争仍然是一项相对较小的业务（每年1.5亿美元）。其次，研究结果让罗伯逊担心。有类似门铎这样的小公司，1986年底公布消息说要推出一种面向女性客户的新避孕套，公司的股票之后就上涨了142%。但更成熟的公司也会看到同样的机会，并把较小的公司挤出市场。对于那些怂恿他投资避孕套行业的人，罗伯逊说不。最终，他没有做空门铎公司或任何其他避孕套生产商的股票。他相信，行业会收缩，其他的机会迟早会到来。

在同一时期，罗伯逊还被迫去应对另一种席卷华尔街的狂热行为——内幕交易。他的老东家基德·比博迪因三名员工被起诉而牵连其中，其中一名是马丁·西格尔。西格尔曾担任基德·比博迪的董事总经理，他招认了犯有证券欺诈罪，与著名的套利人伊凡·波斯基和德雷克塞尔·伯纳姆·兰伯特的投资银行家丹尼斯·列文勾结，通过内幕信息从市场中非法获取利润。

罗伯逊在基德·比博迪工作的时候就认识西格尔，挺喜欢他的，对他的能力印象深刻；但罗伯逊也知道他唯利是图、被金钱所荼毒，像个酗酒者被酒毁了一样。然而，罗伯逊认为，虽然在华尔街资金流动如此自由，没有其他行业可比，很多人甚至"陶醉"于它的魅力和力量，但人们不应该唾弃华尔街。

华尔街的运作仍然依靠口头的约定，这让罗伯逊觉得很神奇。没有任何其他行业每天进行着价值数百亿美元的交易，靠的却只是口头的约定：不靠合同，其他什么都不靠，只靠口头的约定。他认为，少数人出了问题并不代表整个行业都得完蛋。罗伯逊一直认为，华尔街的道德准则与任何其他行业是一致的。不过，他确实看到了所谓的"华尔街的巨变时期"。

20世纪80年代中期之前，福特汽车、IBM和通用汽车等美国优秀的工业巨头从美国商学院吸收了最优秀、最聪明的人。现在，这些人要走进华尔街了。1986年，哈佛商学院的毕业生有7％入职高盛公司，32％的毕业生进入了投资银行。罗伯逊认为，此时华尔街年轻人的素质比他在20世纪50年代后期进入华尔街时的水平高了一大截。在他看来，最聪明、最有能力的人都跑到华尔街去了，这样是错的。这么多聪明的年轻人扎堆在经济的这个领域，让华尔街的竞争白热化。这里根本没有足够的空间来让他们展示自己的能力，并获得相应的报酬。另外，真正推动经济增长的行业——制造业和技术——错失了最聪明的人。

虽然罗伯逊的老虎基金没有卷入任何股票交易丑闻，但老虎基金的运作似乎并不顺利。业绩提不上去，相对业绩和绝对业绩都"陷入了有史以来最严重的衰退"。不过，罗伯逊相信他和他的团队有能力克服低迷，向前迈进，就像任何球队的经理都认为他的明星击球手在经历短暂击球失利后会重振雄风。然而，罗伯逊还面临着很多巨大的问题。让他很担心的事情不少，如：消费者债务创历史新高；巴西取消外债；贸易逆差失控。尽管如此，他仍然相信股市的前景并不是那么糟。在他看来，股票是最好的游戏。尽管与低迷的房地产或债券等行业相比，股票的估值根本没有可比性，但投资股票还是很靠谱的。罗伯逊追随的几位经济学家都认为，经济的运行方式将"有利于强劲的股市"。

一位经济学家告诉他，美国以前进口的所有产品，如果都由美国自己制造，那才是它经济的真正实力所在。这位经济学家认为，通过使美元贬值，就可以获得这样的直接结果，进而可以推动下半年国民生产总值增长6%。罗伯逊认为，如果这种情况出现了，那么利率将维持在低位，因此会推动股市大幅增长。罗伯逊密切关注的另一个因素是即将到来的来自日本的资金流入。他的数据显示，1986年12月，日本人大量买入股票；1987年，他们的买入行为没有停止。虽然他们还在继续买，但尚未达到罗伯逊预测和期待的水平。他的观点是，当美元稳定下来时，闸门就会打开，日本人会大规模购买股票。

随着这一年的推进，老虎基金的业绩有所下降。到5月，老虎基金业绩下跌了6.4%，而S&P 500指数仅下跌了0.6%。罗伯逊将损失归咎于价值市场向动量市场的转变，以及老虎基金持有太多的小盘股。他认为，小盘股的价值比较坚实。然而，小盘股已经失宠，大盘股反弹，他在两种交易中都站错了边。

他向投资人保证，在此期间他不会恐慌。他认为自己在很长一段时间内做得太好，无法改变老虎基金现有的运作方式。然而，随着该基金开始专注于购买大盘股，他确实开始稍微改变了投资的重点。分析师确实是在减少整体杠杆（不是敞口，而是杠杆）的使用，直到公司的相对业绩开始有所改善。

罗伯逊在给投资人的每月信件中强调，他们（投资人和老虎基金）是在同一条船上，他们会共进退。他写这封信，是为了告诉投资人，从相对业绩的角度来看，老虎基金的表现不尽如人意；但他更想告诉投资人，他将扭转局势。他相信，公司的实力是他们成功的关键。他说他有合适的人，有合适的经验，能够力挽狂澜。此外，他和他的团队有过去的业绩为证，他们有能力去解决问题并继续前进。

6　1987年股灾

临近年中，罗伯逊和他的团队再次将注意力转向了日本。1987年6月，这个亚洲国家成为世界金融新中心。不仅日本股市的规模比美国股市大，而且美国联邦政府还依赖日本为其不断增加的赤字提供资金。老虎基金的员工看到了许多机会。首先，他们看好日本投资美国股票的前景。其次，他们认为日本部分公司的价值被高估太多。一个例子是日本电信电话公社。这家公司的市值超过3 340亿美元，高于某些国家股市的总值，如德国2 360亿美元、法国1 920亿美元和意大利1 530亿美元。如果这还不足以让罗伯逊看到泡沫不断在膨胀，他发现日本公司的财务主管们行为相当有趣。他的研究表明，许多大公司的财务主管并不像美国同行那样满足于简单地将公司的现金存入银行——他们决定通过专门设立的基金将资金投入股市。问题在于，许多财务主管对市场上40%的增长率并不满意，他们借来更多的钱投入股市。他们基本上是用自由现金作为保证金，想在股市赚钱。虽然有一些基金在这一努力中取得了成功，但使用自由现金作为保证金来交易，这让罗伯逊和他的分析师感到不安。罗伯逊认为有个问题很严重——日本人成功实现了政府、管理层和劳动力之间的协作，创造了一个强大的经济体，但他们运作股市的心态却是这样的，即：如果股市涨，它还会越涨越高，而如果股市走高对每个人都好，他们就去找钱来让它继续走高。

当然，这种想法导致了17世纪初荷兰的郁金香狂热，以及之后的所有市场崩盘。1636年，看不见的郁金香球茎被买、被卖又被转卖了几十次。据说，阿姆斯特丹的市长在4个月内赚了6万金币，而他作为市长的年薪只有500金币。市场变得越来越疯狂。1637年初，市场突然崩盘。就几天的工夫，大量投机商血本无归。崩盘所造成的损失不仅仅是针对郁金香的损失，更表现为信用系统受到破坏。郁金香市场的崩盘是荷兰全国性的灾难，后果波及伦敦、巴黎，还有其他的欧洲国家。但更重要的是，正是这样的历史经验，让罗伯逊和他的团队为日本市场的坍塌做好了准备，他们要充分利用这样的机会。

7月中旬，罗伯逊在给投资人的信件中说，他要把老虎基金4%的资产投入由他的老朋友吉尔克里斯特·博格管理的基金。博格管理的基金叫作极地基金，罗伯逊能够通过它在市场上进行特殊的做空操作。博格总能找到极好的空头机会，已经建立起了无可挑剔的声誉，他经常和罗伯逊交换想法。通过投资博格的基金，罗伯逊巩固了他们之间的合作关系。老虎基金的"医疗顾问"约翰·尼克森辞职，跟博格一起管理极地基金。罗伯逊投资了极地基金，一旦该基金进行操作，他有使用该基金想法的第一优先权。罗伯逊的投资金额约为940万美元，占投资时极地基金资产的近4%。

到了1987年8月，那是夏季的三伏天，形势发生了转变。罗伯逊写道："'老虎'开始咆哮了。虽不是震天的狂啸，但肯定不只是咕噜作响。"极地基金自3月中旬以来一直亏损，现在已经扭亏为盈；到7月底，业绩上涨超过23%。罗伯逊集结了他的队伍，止住了亏损，并迅速赢得当年的出色业绩。

罗伯逊看到，低迷的美元对制造业有利。造纸和金属等行业的盈利上升，财务报表也好于预期。罗伯逊看好造纸公司杰斐逊·斯默菲特。老虎基金是该公司的第二大股东。此时的股价比老虎基金开始买入时的最低价高了近 7 倍，是 1988 年每股收益的 10 倍。罗伯逊认为这只股票仍然极具吸引力。

美国的制造业似乎正在复兴，这是罗伯逊和他的分析师乐见的。市场流动性也很强，这意味着一旦这些资金注入，价格无疑会上涨。如果这还不够，他相信还有大量资金正在等着投入市场。美元开始走稳，这意味着已经进入股市的日本人将继续挺进。

罗伯逊也很乐见美国公司的股票回购计划，及其对一些公司股票供需的影响，如克莱斯勒、福特汽车、国家酿酒和洛斯等公司。这些公司非常适合纳入老虎基金的投资组合，它们的市场潜力"再好不过了"。罗伯逊也受到鼓舞，因为他认为不可避免的衰退终将有警告信号出现。他相信，这些信号会来自东方，以日本市场的重创开始。老虎基金已经预期了更坏的情况，并做好了准备，正努力寻找做空的机会。

在此期间，老虎基金已经做空了一些日本公司股票。换句话说，他们已经为一份保险单支付了保费，虽然他们希望永远不要去兑现，但他们又几乎肯定会兑现。他们该做的都做好了，开始密切关注日本市场，随时做好行动的准备。此时，一切看上去风平浪静，他们享受着这段旅程。

那段旅程确实精彩。9 月底之前，投资组合的表现相当不错。夏末秋初，投资界充斥着专业人士的呼声，他们认为股价涨得太高了，他们感觉不可能永远这样好下去。罗伯逊相信，人们正在寻找一个理由——任何理由，要么抛售股票，要么在市场都抛售的情况下继续持仓。老虎基金也在为抛售做准备（通过极地基金做空），同时，继续持有团队认为估值合理的股票。罗伯逊真正喜欢的一家公司是大都会金融。这家位于北达科他州的储蓄和贷款公司，其股价只有每股账面价值的44.2%，不到每股收益的4倍。如果这还不足以让它被老虎基金纳入投资组合，那么该公司的管理层实施的股票回购计划——高达已发行股票的10%——使其更具吸引力。老虎基金还做多西弗雷泽木材公司的股票。这家公司主要从事木材业务，当时释放大量自由现金，以向纸浆和箱板纸行业扩张。随着业务扩张，该公司仍然能够获得每股4美元的收益，并拥有可观的现金流，这使其成为一个非常有吸引力的投资标的。正是这些有着卓越价值的公司让罗伯逊在1987年夏天有了赚取巨大利润的机会。

10月初，老虎基金的业绩涨了13.9%，超过S&P 500指数600多个基点。当时，罗伯逊写道："特别令人高兴的是，这种业绩是在80%~85%的市场平均敞口情况下实现的。"罗伯逊认为，外资注入是市场强劲的一个重要因素。他认为，一些"极度善变"的资金将继续流入美国股市，直到日本股市崩盘。此类资金的流入，加上杠杆收购公司持有的大量资产，将稳定市场，并为持续增长做好准备。罗伯逊喜欢他所看到的一切，他很愿意并且能够充分地利用它们。

那分明是暴风雨前的宁静。

他在1987年10月2日给投资人的信件中说的话非常有趣：

> 我不认为市场会出现剧烈下跌的巨大危险，除非我们都变得自满。换句话说，当我们开始消费我们的利润而不是担心如何保持利润之时，危险点将到来。

虽然罗伯逊似乎描绘了一个相当"乐观的场景"，但他也想给自己提供一些对冲，并向他的投资人发出小心的预警。他说，所有投资人都应该持有一只世界末日基金，里面应该有一揽子的美国政府债券和票据。他认为，无论经验或财富多少，投资人都应该持有这种基金，以保护他们免受市场大幅下跌的影响。他警告投资人，这样的基金，其资本占比不应该太大（在正常情况下，占比太大将是最糟糕的投资决定，因为当时的收益率非常低）。市场可能跌至零，这样的想法不可想象。但价格可能会下跌却是现实。罗伯逊希望他的投资人能够为最坏的情况做打算。这项投资完全是为了最坏的情况而做的准备，虽然它可能永远不会到来。但他相信，每个人都应该做些准备。

仅仅两周后，平静的路程出乎意料地变得疯狂，罗伯逊和他的团队开始被迫应对前所未有的市场。1987年10月19日，股市崩盘。道琼斯工业平均指数狂跌508点，即22.6%，收于1738.74点。这一跌幅明显高于1929年10月28日12.8%的崩盘，那是大萧条开始的标志。10月19日的最后30分钟，市场下跌了130点。周一的跌幅，加上上周五的跌幅，共下跌743.47点，跌幅为30%。1929年10月28日至29日的总跌幅为68.9点，即23.1%。到周一交易结束时，道琼斯工业平均指数抹去了全年的所有涨幅，跌幅为8.3%。8月25日，市场达到最高点2 722.42点；但在短短两个月内，它下跌了36.1%。所有的主要指数均遭受重创。S&P 500指数跌了57.86点，10月19日收于224.84点。纳斯达克指数下跌46.12点，收于360.21点。

1987年的股市大崩盘无疑是大多数投资者所经历过的最糟糕的一天。这是任何人都无法想象的金融危机。华尔街的反应大多是震惊和难以置信。各种类型和规模的投资者都处于震惊的状态，不知所措。当时，大家把崩盘归咎于多种因素，包括市场五年没有出现重大调整、担心通货膨胀出现、利率上升以及衍生品的使用导致波动性增大。

对罗伯逊来说，1987年的崩盘是一场完美的风暴。他的老虎基金在此期间没有直接因亏损而收到任何追加保证金的通知，然而它确实受到了很大的影响。罗伯逊和他的团队一直认为，他们经历了相对糟糕的市场，而那都是明显的牛市市场，但这次的股市大跌也让他们受到了冲击。原因是，他们的投资组合没有进行更合理的对冲，以充分利用市场的暴跌。

许多人认为，在股市崩盘及其余震期间，老虎基金的表现优于罗伯逊当时的真正对手——索罗斯和斯坦哈特。但是，老虎基金还是亏钱了，而且在1987年崩盘之后，它的绝对业绩和相对业绩都比大盘差。尽管如此，这种表现还是坚定了罗伯逊的信念：为了跑赢大盘，你就不要考虑市场大盘。相反，需要专注地寻找更好的投资标的；进行价值投资，并抓住任何能找到的机会做多。那是老虎基金过去、现在和未来的战斗口号，无论崩盘还是不崩盘，战斗口号都保持不变。

市场不是罗伯逊想要去了解的东西。市场从未对他敞开心扉，他相信它永远也不会。挑选股票是罗伯逊过去擅长、现在仍然擅长的领域，并且是他的拿手好戏。1987年股市崩盘的经历，让他在投资人和竞争对手这两方面再度确认了这一信念。

1987年崩盘后，他告诉记者，他觉得牛市无力，"公牛太少了，我无法想象哪头会让母牛怀上孕"。

罗伯逊相信，在这个不确定的时期，显然他是为数不多的持有牛市心理的人——看多股市。他对自己的看法感到满意。用与他人不同的眼光看待事物，令他在整个交易生涯中胜人一筹，他相信这种本能将带领他度过这个艰难的时期。

他希望能有更多的人持有熊市心理，因为持有熊市心理的人越多，他的策略就会运作得越好。在他的旅行和研究过程中，他所遇见之人都特别悲观——投资人觉得天都要塌下来了。他发现，在此期间，满仓的投资人很少——几乎没有。与他交谈的许多专业人士似乎都只是在观望市场的反应，都在等待一些恢复正常状态的迹象，然后再投身游戏之中。

但罗伯逊和他的团队认为，既然价格已经恢复正常，那么绝好的机会就应该出现了。一旦市场触底反弹,过高的估值就会消失。他的团队通过研究发现,非常多的公司似乎在接下来的几年里会表现得很好。但是,他们面临着另一个阻碍——经济衰退的威胁。罗伯逊认为,日本市场会崩盘,当它真的崩盘了,就可能标志着当前估值过高的状态开始要结束了,这将标志着一个巨大的买入机会出现。

他感觉,只有15%~20%的人意识到他们受到了崩盘的影响。但现实是,更多的人受到养老基金、利润分享和股票期权的影响。然而,他们主要的价值存储渠道是他们的房屋:随着崩盘的出现,利率下降,房屋价值却增加了。这是因为股市崩盘,房屋确实应该变得更值钱。

罗伯逊很担心,因为国内经济和国际舞台上有很多事情似乎都不正常。尽管存在一些"必要的买入",但他更多的是在考虑贸易和预算赤字,以及政府所采取的应对方法,而不仅仅是做空哪些股票、做多哪些股票。

罗伯逊告诉投资人,这次崩盘对老虎基金的打击比团队中任何人的预期都"严重得多"。席卷市场的流动性不足"给公司的每个人都造成了严重的金钱方面的损失,更有甚者是精神上的伤害"。当时,老虎基金只有不到20人负责日常的运作。

老虎基金从崩盘中走出来,其资产比9月底的水平低了近30%。崩盘及其对老虎基金投资组合的影响是罗伯逊一生中从未经历过的。损失来得如此之快,团队成员都惊慌失措,他们都不知道应该做些什么、应该如何继续运作。

罗伯逊很快将坏消息传达给了他的投资人，但他也说了一些好消息。他重申了老虎基金的成功，并解释说自成立以来，老虎基金上涨了700%以上，这意味着：自7年前老虎基金推出以来就投入初始资金的投资人，每投入1美元，其收益就超过了7美元。虽然老虎基金在崩盘中遭受了重大的损失，但全年平均仅下跌了约10%。他说，从新西兰回来后，他又开始亲自负责运营方面的事情了。

很多人没有意识到的是，关于管理资金，最难的不是实际的管理和运营，而是募集资金。老虎基金成功的关键，是在相当长的一段时间内保持35%的持续稳健的业绩，加上65%的良好客户关系管理。成功的衡量标准不一定是基金的业绩如何，而是基金的规模有多大——更重要的是，在基金业绩出现严重问题之后，投资人没有撤资。对罗伯逊来说，此时不仅是投资组合因崩盘而遭受实际损失的关键时刻，而且也是老虎基金的危难时刻。罗伯逊在给投资人的信里避重就轻，但不乏对老虎基金及其团队的实力和决心的看好和肯定。他需要确保投资人不会在此时匆匆撤资离去。相反，他希望投资人能够向老虎基金投入更多的资金，以使老虎基金更强、更有力。

罗伯逊非常看好老虎基金，看好对冲基金。即使是在崩盘之后，他仍然认为投资人最好将资金投进相对较小的资金池，因为有着良好业绩记录的投资经理也将他们大部分的个人资金都投入这样的基金中，所以他们有动力去做得更好；而不会像那些简单收取管理费的基金——投资经理几乎没有任何动力去超越市场的平均增长水平。

罗伯逊写道,老虎基金遭受如此的惨败,原因有很多。虽然老虎基金预计在大幅上涨时表现会落后于大盘,但他认为,老虎基金在下跌时可能会跑赢大盘。他觉得亏损有三个主要的原因:

(1)投资组合中小盘股太多。当股市暴跌时,投资人寻求更强大、更强有力的股票以追求质量,导致老虎基金投资组合中的一些股票缺乏流动性。

(2)罗伯逊认为,股市下跌将从估值过高的日本市场开始。但实际上,日本股市的表现远好于美国股市,这导致老虎基金的表现因日本市场的相对强势而受到影响。

(3)老虎基金的杠杆拉得太高。当罗伯逊及其团队试图降低杠杆时,他们被市场流动性不足所牵制。换句话说,把空头头寸或看跌期权进行平仓处理,还有把多头头寸进行折价平仓处理,导致老虎基金严重亏损。

此次崩盘使得老虎基金将杠杆的使用从崩盘前约300%的高位,大幅拉低至162%的水平。崩盘后,老虎基金立即转向了约115%多头和47%空头的投资组合,这使得其对市场的净敞口不到70%。

他在给投资人的信件中写道,随着分母变小,杠杆水平已经大幅降低。所谓的分母,指的当然是公司的资产价值。因此,杠杆削减的幅度其实是巨大的,尽管它的绝对值看起来相当小。老虎基金以前常规操作资金的方法是:买空或卖空大量股票之时，必须配有相应的交易。崩盘之后，罗伯逊对老虎基金做了调整，使其能够直接买空或卖空 9 000 万美元的股票，而不需要采取任何对冲行为。那是因为老虎基金需要较强的流动性。增强了流动性之后，罗伯逊小心翼翼地抛售了流动性较差的小盘股，也抛售了流动性较强的大盘股。

罗伯逊感觉到，大多数专业投资人士——至少是大多数对冲基金经理——认为：股市崩盘会导致经济衰退，或更糟的情况——萧条。但他不这么认为。对他来说，这只是雷达显示器上一个小小的光点。他相信80％的美国人不一定会因为崩盘而受到伤害，因为他们的房子更值钱，信贷会放松，而且，由于美元变得更便宜，他们所在的工厂将更有竞争力。

他认为，这次崩盘能够削弱富人以牺牲穷人的利益为代价而获得太多的状态。崩盘后 10 天内所发生的事情就是证据。福特汽车的销售额比一年前同期增长了 15％。这说明，崩盘实际上可能有助于解决美国的国际收支问题。崩盘还将加速人员的重新分配。几个月前，罗伯逊提到哈佛商学院 30％的毕业生去了华尔街，还说他如何认为这是其他经济部门的人才流失。崩盘过后，这种现象会结束，因为大公司无疑会裁员，也不会招那么多新员工。

此时，他依然不确定市场将走向何方，他依然不想听市场给出的信号。不过，他对寻找某些价值股票充满信心。比如：福特汽车公司价值良好，收益率是四倍，现金流是两倍，市值的一半是现金。这是一家优秀、实打实的公司，同样重要的是，它拥有足够的资金来抵御狂风暴雨。他相信,每个商人都应该对福特汽车公司感兴趣,因为它的财务状况非常好。

他在 1987 年 10 月崩盘之前就告诉他的投资人,要创建一种完全由美国政府证券组成的"世界末日基金"。很多人不感兴趣,彼时他对他们大肆批评。现在看起来,他的预言犹如上天之言。

罗伯逊觉得,那些在崩盘之前不相信"世界末日基金"的人,此时会走到另一个极端,会把他们的资金大量投入那种基金。他要确认他的投资人都明了"世界末日基金"的相关风险:它不是用来对冲通货膨胀的,而他认为通货膨胀才是投资人面临的最大风险。虽然"世界末日基金"确实可以让投资人睡个安稳觉,但它并没有让投资人有机会接触那些可以提供巨大上涨空间且目前估值较低的公司。他相信,这些公司才是真正的价值所在。如果投资人有足够的耐心,他们会从这些投资和其他投资中获得可观的利润。

9 天后,罗伯逊又给投资人发了一封信,说"在这些动荡和情绪化的时期",请他们"密切了解"管理层的想法。在信中,他写道,老虎基金将在一段时间内维持保守操作,因为基金经理无法找到价格具有吸引力的股票或债券。他的研究表明,由于国会似乎不愿意抑制支出,美元将从低点进一步下跌,这将使出口产品变得更便宜,但也会降低购买力。看来情况正在好转。研究表明,市场已经准备好了,可以提供一个独特的机会来买进,因为一段时间以来,美国工业与世界其他国家工业之间的竞争并没有那么激烈。1987年11月，老虎基金大约有65％的市场敞口，其中有115％的多头和50％的空头。老虎基金此时的交易操作流动性极强，购买力接近9 000万美元。虽然罗伯逊对未来的预测保持乐观态度，但他在信的结尾写道："尽管如此，我们将暂时保持保守的姿态。"而保守的姿态，是他一手造成的。

在1987年股市崩盘之后的日子里，罗伯逊在《巴伦周刊》公开了他对经济、市场、投资和即将到来的衰退的看法。罗伯逊向市场和疲倦的投资人这样公开提供帮助总共有两次，这是第一次。第二次是在2001年9月11日恐怖袭击之后，他出现在CNBC电视台接受采访。这两次，他都利用他的魅力、智慧和投资知识来消除恐惧，证实了积极的一面，并极力恢复民众对股市和投资的信心。与其他的受访人不同，罗伯逊提供了有根据的论据，来说明为什么美国需要继续投资才能在两次极其艰难的打击后重新站稳脚跟。

1987年，罗伯逊对日本市场的赤字及过度的估值表示质疑。然而，最让他担心的是，在崩盘后的大多数时期，股价都保持在低位，甚至继续下跌，这使得股票比债券更具吸引力。罗伯逊在寻找质优价廉的股票时遇到了些问题，但是，他担心高估对市场的长期影响比"双赤字"更严重。

虽然他相信市场和经济状况还不错，但他也更加相信，随着时间的推移，必定会发生一些猛烈的事情来纠正世界经济出现的问题。他认为，这些问题对世界的影响会比股市崩盘事件大得多，时间也长得多。日本市场对罗伯逊来说是一个真正的问题。他发现经济被高估得"离谱"，并认为日本政府向公众出售价值360亿美元的日本电信电话公社的股票，以减少公共赤字，这也是非常离谱的。这是一个天文数字，也是最大的一笔交易。拿个实例来比较吧，当时美国最大的一笔交易只有约10亿美元。

罗伯逊认为，日本市场的持续高估将不可避免地导致崩盘，随之而来的会是令人痛苦的缓慢复苏。虽然他不知道什么时候会崩盘，但他预测它终将到来，可能缓慢，可能剧烈，有30%或40%的下跌幅度。有鉴于此，他告诉投资人，他知道日本市场的崩盘对世界各地的市场来说只会带来悲观的熊市情绪。对罗伯逊来说，那将是日本脆弱经济的最后一根稻草。投资人担心的是，一旦崩盘，日本人会抛售美国国债，从而破坏债券市场并危及股市。

他不知道崩盘是否会导致日本人的资产从美国国债中抽离，但他确实知道在下一次的季度退款发生时，不会有那么多的买家。如果这种情况发生了，可能真的会对债券市场有危害，其危害无疑也会波及股市。尽管如此，罗伯逊还是看到了光明的一面。他认为，一旦日元停止攀升，美元触底反弹，日本人会向美国市场投入更多的资金，因为在美国市场能实现的利润比在日本市场能实现的高得多。

罗伯逊的信念是，具有证券分析背景的"理性"人士应该能够非常清楚地看到日本市场以外的重要价值，因此资金将继续流入夏威夷和纽约。既然如此，日本市场就成了老虎基金及其分析师可以做空的唯一地方。

虽然罗伯逊对日本股市持熊市观点，但他对美国股市却持牛市观点。他回忆说，在那个时候，老虎基金可能有70%的资金用于投资或存在市场敞口，其中有110%的多头仓位和40%的空头仓位。然而，如果他和老虎基金都真的非常看好行情，他建立的多/空仓位的构成可能是150%和50%，甚至是170%和70%。然而，在大多数情况下，由于存在不确定性因素，他更愿意保持105%的净多头。他的投资组合会包括便宜的公司的股票和他认为扛得住经济衰退压力的公司的股票。

在股市，他看好一些生产聚氯乙烯的公司。这些公司的股价是次年每股收益的六倍，几乎可以保证未来三年都会提高收益。他还做多他认为扛得住经济衰退压力的公司的股票——福特汽车就是一个很好的例子。

即使汽车销量在经济衰退期间下降，罗伯逊仍然喜欢福特汽车公司。他的研究显示，如果汽车销量暴跌60%，所有杠杆收购公司都会有兴趣将该公司收购。他认为，如果达成了收购交易，它们将不得不支付每股77美元左右的价格，并在此过程中每股获利35美元。他还认为，此时的每股收益在18~20美元区间，因此即使销量下降15%，该公司的每股收益也将在12美元左右。这使得福特汽车公司成为非常吸引杠杆收购公司的目标，其股票也是罗伯逊想纳入自己的投资组合的。因此，他做多福特汽车公司股票，不仅因为股价涨了，更因为他相信福特汽车公司的产品。他开着福特水星系列的车子，妻子乔西开的是林肯系列。

那个时期，老虎基金的投资组合还包括什么呢？答案可能会让你大吃一惊。许多投资组合经理在市场崩盘后改变了他们的投资风格和策略，罗伯逊和老虎基金的分析师却一直在做同样的事情。他们只要看到好的基本面，就利用他们的研究功夫来寻找可以利用的多头或空头操作。

老虎基金做空佛罗里达州连锁超市温迪克斯的股票，因为他们的调查显示这家公司比别的公司更为脱颖而出。他们还做空了一些日本公司的股票，包括日本航空公司。老虎基金的分析师们还喜欢杰斐逊·斯默菲特公司、乔治亚海湾公司和维斯塔化工公司。

乔治亚海湾公司几乎没有债务，这是老虎基金的分析师看中它的原因。而且，乔治亚海湾公司正在产生自由现金，经营着一项他们认为具有良好根基的盈利业务。维斯塔化工公司负债累累，但是由于罗伯逊对它有信心，所以老虎基金也对它感兴趣。罗伯逊相信，在1988年和1989年这两年当中，该公司将能够摆脱债务。一旦债务消除，该公司应该相当有吸引力，因为它将继续发展业务，并为扩张和收购产生自由现金。然而，有一件事让罗伯逊保持谨慎，那就是对塑料的需求是否会枯竭。如果发生这种情况，维斯塔化工公司就会陷入困境，所有的赌注就会血本无归。

德雷福斯公司是罗伯逊和他的分析师喜欢的资金管理和经

纪公司。老虎基金买了这家公司的股票，以每股 24 美元的价格，不到次年每股收益的 10 倍，而且几乎没有资本方面的要求。老虎基金的分析师认为，该公司被低估了。他们认为，即使是"长期而严重"的衰退，对德雷福斯公司的影响也很小甚至没有影响，因为它大量参与货币市场业务。

老虎基金买入的另一家金融服务公司的股票是威达信集团的。他们喜欢这家公司是因为它拥有大家都需要的东西——保险，而且承保风险很低。这些因素，再加上罗伯逊认为它的股票非常便宜（约为次年每股收益的 10 倍），使其成为加入老虎基金投资组合的主力之一。

保险和资金管理并不是罗伯逊买入的唯一金融类别。他还喜欢摩根士丹利，当时似乎没有任何人看好该公司。罗伯逊认为，华尔街对该公司的共识有误，因为经纪交易商的收入来源非常多样化。他说，老虎基金收购了这家公司，在这里"花 1 美元能获得的'大脑'比别的地方多得多"。

但这些"大脑"的唯一问题是，他们会离开。虽然罗伯逊说他更喜欢"工业烟囱而不是聪明的大脑"，但在此期间，摩根士丹利是他的"大脑公司"。他对摩根士丹利感兴趣的主要原因来自他对这家公司的能力与深度的认知和坚信。自老虎基金成立以来，罗伯逊就一直与摩根士丹利的员工有着密切的合作。摩根士丹利是老虎基金的主要经纪人，并密切参与了美洲狮基金的筹建。罗伯逊在开发投资组合和老虎基金的时候，从摩根士丹利的分析师那里获得了无数灵感。他能看好摩根士丹利是很自然的事情，因为他每天都看到摩根士丹利员工出色的表现。

当巨头的股票不断被纳入老虎基金投资组合的时候，罗伯逊和他的分析师也购买了一些小型储蓄和贷款协会的股票，如新泽西州的蛋港、田纳西州的纳什维尔，还有北达科他州的法戈。罗伯逊相信，财力雄厚的人也会在这些股票达到市值之前买进。他提前购买这些小公司的股票，以后就有机会涉足不断整合的银行业。他在金融界发声，称在崩盘过后他很看好这些公司的股票。正是这些公司让他能够弥补损失，并使老虎基金恢复正常，从而拉平崩盘后的表现。

到12月，罗伯逊和老虎基金的人显然恢复了一些动力，然后就开始开足马力向前冲。第一个证据就体现在1987年12月24日他给投资人写的信里。从他的语气中可以看出，他已经恢复了原来的状态，如今再度写信给投资人，介绍老虎基金选股的实力。他重申了他的信念——格雷厄姆和多德的方法是唯一能够洞悉市场的方法。为了做出明智的决定，投资组合经理必须查看公司的财务文件。他还写道，格雷厄姆在选择一家公司的时候，最关心的首先是它的资产负债表，然后是收益，对市场的担忧则很少。关键是要找到合理的价值投资标的，而不是找所谓的股市大师来协商。他谈到了格雷厄姆、巴菲特、约翰·邓普顿和彼得·林奇投资风格的优势。他还说，市场技术人员可能目前大行其道，但他想知道五年后他们会在哪里。

他再一次告诉他的投资人，人们对整体市场过于担心，却又浪费时间思考着错误的事情。股市不过是买卖公司股票的地方。他希望他的投资人意识到，投资估值合理的特定公司非常重要。他有这种技能，能够选到合适的公司的股票，只要他有足够的耐心，老虎基金就会做得很好——因为随着时间的推移，估值和股价都会上升，就能实现利润。

罗伯逊相信，他并不是唯一得出以下结论的投资者：找到极佳的公司比预测市场上涨下跌的时机更容易。

很明显，罗伯逊再次亲手掌舵对冲基金，他玩得很开心。虽然1987年对老虎基金来说不是好的一年，但他能够忘记过去，并推动基金向前发展。他提醒他的投资人，就在两年前，他曾告诉他们，不要把年终的信件给他们的配偶看，要不然他们得买一份丰厚的节日礼物。但在1987年年底，他却建议投资人把今年的信件给他们的配偶看，因为信件能够解释为何只收到这么"寒碜的礼物"。

那年年底，老虎基金非常接近盈亏平衡点——太接近了。老虎基金1987年的业绩与1986年基本持平。这是老虎基金自七年前成立以来第一年没有为投资人带来两位数的回报。但随着崩溃成为过去式，是时候继续做更重大、更好的事情了。

7

新时代的黎明

福特汽车公司确实回购了部分股票,但又决定通过积极收购其他公司,而不是只专注于提高股价,来提高股东价值。罗伯逊觉得这太荒谬了。为什么它有机会获得20%~25%的投资回报,却只愿意接受大约4%的投资回报?

老虎基金与大多数投资机构一样,挺过了崩盘,并经历了20世纪80年代末期席卷市场的反弹。崩盘之后,有一点大家都很清楚:要分散资产,要确保不把所有的鸡蛋都放在一个篮子里。从前只做股权投资的公司兼做一点全球宏观投资的时代已经结束。从今往后,全球宏观投资将在罗伯逊和老虎基金管理资产的方式中发挥更大的作用。罗伯逊意识到,如果他希望继续超越平均业绩,一雪前耻,更重要的是超越竞争对手,他就需要将资本分散到股票市场以外的领域。

1988年2月,老虎基金的人开始察觉到牛市情绪出现,而其他地方的人似乎还停留在熊市情绪中。评论人士和媒体人士似乎都认为美国正处于萧条的边缘。然而，罗伯逊认为经济状况良好。他甚至担心因为这年是选举年，经济会出现一些过热的情况。例如，他研究了汽车行业，发现许多公司一直有积压的库存，这是因为有个别公司有兴趣扩大业务出口。又如，美元疲软，这意味着美国生产者比欧洲和亚洲的竞争对手更具吸引力，生产的产品更便宜。汽车公司不能简单地靠有一卖一的方式经营——它们需要库存才能实现销售，这意味着它们需要有人去生产汽车。

罗伯逊认为，在1988年春天，经济在某种程度上处于"两全其美"的状态。一方面，消费者的消费水平在下降；但另一方面，在经济领域，工业生产不断增强。这导致负面因素（消费者支出减少）与正面因素（工业生产增强）互相抵消，这意味着有资金正在投入使用。罗伯逊的研究表明，美国的工业从未如此强大。由于受美元影响的商品供应仍然紧张，他发现很难快速提高盈利预期，跟不上正在改善的经济形势。

罗伯逊察觉到了这个机会，于是增大了老虎基金的市场敞口。他的决定是基于他对经济的"较好感觉"和华尔街缺乏看涨情绪。但是，罗伯逊敏锐地意识到，造成股市和世界上一些最大经济体脆弱局面的原因之一，是美国无法量入为出，还有就是日本股市的疯狂上涨。其他人则关注日本的实力和力量——毕竟日本是当时世界上最富有的国家，美国都得向日本借款来支付账单。许多人认为，日本这个国家建立了一种更好的体制，能够在政府、各行各业和劳动力之间建立起独特的合作机制——许多人认为这种机制将使日本拥有不断上升的市场空间。罗伯逊对这一切深感困惑。对他来说，现在是该做空日本市场或者该退出的时候了，因为，这些所谓的优秀日本公司的股本和资产回报率都低于世界平均水平。因此，他需要"好好地研究研究"这些公司。

罗伯逊派遣了一个分析师团队前往东京，让他们弄清楚到底怎么回事，还要找出是否有任何公司值得老虎基金将其纳入投资组合。他收到的报告证明他是对的。疯狂的乐观情绪绝对只是一个表象，表明事情最终会崩溃，与荷兰的郁金香狂热、中东石油市场没有什么不同。罗伯逊知道日本市场会崩盘，只是不知道会发生在什么时候、会崩得多厉害。

问题在于，日本如此强大，在美国市场又如此活跃，罗伯逊担心日本经济崩溃之时，美国经济会受拖累。如果日本人退出市场，那么美国将很难偿还债务，利率会上升，股市会下跌。

罗伯逊的结论是，美国的工业正在蓬勃发展，但因为以下原因将受到负面影响：（1）美国消费者的消费体量太大；（2）美国的经济已经变得非常依赖日本；（3）日本人不懂得何时应该"卖出"，甚至不相信股票会下跌。日本正在走向萧条——一场能把美国拖垮的萧条。

那么，老虎基金如何来保护自己免受这场已经预见的"大屠杀"？罗伯逊做回他的老本行，在美国的工业公司中进行价值投资。他还做空日本市场。

罗伯逊发现，价值投资使得资金管理工作变得非常精彩。他一直努力避免投资美国的工业公司，而是专注于营销和服务型公司。除此之外，他还做空日本市场，关注货币玩法和外国债券机会。存在很多的好机会，也存在很多他认为会变成机会的问题。在这段时间里，对罗伯逊来说，关键是他背后的团队。老虎基金的优势是它的分析师和交易员，他们是帮助罗伯逊将问题变成机会的人。显然他们不是唯一认为日本被高估或美元疲软的人，但与其他一些资金管理公司不同，他们可以并且会根据这样的信息来采取行动。

1988年4月，罗伯逊更加直言不讳地表达了他对日本情况的担忧。在过去一年左右的时间里，他一直告诉他的投资人，他认为日本市场估值过高，即将崩盘。但他觉得投资人都没有听他的——或者他们听了，但理解的跟他所说的有差距。

罗伯逊和他的团队认为，日本经济尽管是在增长，但也面临着重大的挑战。从纯估值的角度来看，日元太强，公司估值太高，经济过度投机。罗伯逊认为，日本经济和日本公司扩张得太快、涉及的范围太广，而且大部分扩张并非基于较好的盈利结果，导致投资回报显著下降（这才是真正令人担忧的）。

为了应对问题，罗伯逊通过一系列的做多/做空操作来进入日本市场，因为他认为通过这些仓位能够利用过去几年市场创造的投资机会。老虎基金做空大盘股，因为它认为股价已经涨到不可持续的水平。同时，对于那些有潜在增长价值的中小市值股票，老虎基金则做多。老虎基金通过一系列的对冲行为来降低波动性。例如，其间，对三越公司股票做空，对岛忠公司股票做多。

三越是日本第二大百货公司，销售额接近50亿美元。但是三越的市场份额稳步下降，因为那些较新、较具创新性的公司，还有折扣店和专卖店，都来蚕食三越原有的市场份额。三越公司在 1986 年和 1987 年几乎没有盈利，但它的股价从 1985 年的 580 日元上涨到 1987 年夏天的 1 980 多日元。老虎基金的研究显示，三越公司将实现 4.8% 的股本回报率，每股收益为 9.7 日元，净利润率为 0.7%。老虎基金开始接触该公司股票的时候，其价格约为 1 490 日元，这意味着股价是估计的每股收益的近 154 倍。

岛忠公司的情况则完全不同。该公司经营家具和家居装修门店，销售额为 3.6 亿美元，并且态势良好，可快速增长。其股本回报率为 11%，净利润率为 8%。老虎基金预计其每股收益将以每年 15% 的复合增长率增长。岛忠公司的股价为 3 440 日元，约为每股收益的 26 倍。老虎基金的分析师认为，这是他们在日本市场上捡到的大便宜。此次投资的理论很简单，只是用价值投资的基本方法来投资日本市场。通过研究，老虎基金还产生了其他各种想法，并进行交易。

就在 1988 年美军阵亡将士纪念日之前，罗伯逊给他的投资人写了一份名为"股票市场供求关系"的备忘录。他解释了股票市场的现状，以及他和他的团队希望如何为投资人赚取利润。当时的经济状况显然不是很好。崩盘后余震仍然存在，但投资界已经平静下来。罗伯逊还列举了华尔街困扰他和他的团队的五个特征：

（1）每年，各公司的股票回购和杠杆收购占美国已发行股票总数的近 10%。这相当于全美股票浮动供应量的

16%左右。如果这种趋势持续下去，老虎基金及其管理的基金，以及其他大型投资机构，将在1993年之前拥有市场上几乎所有的股票。

（2）市场上观望的现金太多。共同基金坐拥大量现金。投资者已将120亿美元从股票转移至固定收益产品。养老基金的现金仓位有所增加。这些资金最终必然转入股市。

（3）个人投资者似乎被市场淘汰了。这次的崩盘把他们吓跑了。他们正在等待安全的机会以再次进入股市。他们最终会回来，而当他们回来的时候，就是一个利多因素。

（4）华尔街已经百无聊赖。20世纪80年代的鼎盛时期结束了，悲观情绪挥之不去，大家都昏昏欲睡。电话不响了。经纪人也没有什么新的想法。

（5）崩盘还在很多人的头脑中挥之不去。人们对投资变得非常保守。

那么，人们会做些什么呢，事情又要如何变得更好呢？答案是：美国公司需要更明智地使用自由现金。罗伯逊相信，这段时间世界各地的公司都在经历某种程度的经济繁荣，这使它们现金充裕。接下来的问题就是它们会把现金用于何处。罗伯逊认为，美国的工业值得考虑。由于美元贬值，美国商品是世界上最便宜的，美国的竞争力也是非常强的。各公司将现金投入美国市场似乎是非常自然的事情。罗伯逊还认为，公司需要非常认真地看待股票回购的情况。例如陶氏化学拥有超过20亿美元的自由现金，他相信该公司回购股票是很自然的。毕竟，它能从其他什么地方获得市场15％的回报、对某家公司的了解以及对公司管理层的信心？他还相信日本公司将把目光投向美国本土，并开始购买房地产，就像它们在夏威夷所做的那样。如果日本人在夏威夷找到了价值，他们就可以在美国本土的48个州找到价值。罗伯逊的研究显示，当时美国的工业表现比二战以来的任何时候都好，唯一能阻止经济走出困境的是全球经济衰退或美元大幅上涨，而他觉得这两种情况出现的可能性很小。因此，他认为，投资组合就要看涨了。

初夏来临之际，老虎基金表现良好，罗伯逊兴奋到要哭，因为到1988年上半年结束时，老虎基金的表现比S&P 500指数高出约12％。他认为，人们开始相信他对美国工业的看法了——他看到投资组合中的公司名字出现了重大的变动。罗伯逊明白，经济会经历一系列的起起落落，但他也相信，他所目睹的只是反弹的开始。他的研究显示，美元几乎触底或非常接近触底，因此，他大量做多美元。尽管他一直明白日本存在的问题可能会导致市场崩溃这个威胁依旧存在，他也一直关心投资组合，但他仍然把注意力转向美国的两个问题——国防支出和社会保障，他认为这两个问题会对经济产生更大的影响。

随着苏联和美国的关系似乎越来越好，冷战即将结束，罗伯逊在猜想美国的国防开支会发生什么变化。如果削减这项主要的政府开支，会对市场和经济产生怎样的影响？另外，社会保障支出的盈余会对经济产生什么影响？当时，政府预测到

2000年盈余将达1 850亿美元,并且预计这笔钱将投资于政府债券。这可能为减少未来几年的赤字提供帮助。

到7月的时候,罗伯逊已经把注意力转向公司治理和实现股东价值的问题。令他震惊又沮丧的是,他发现在这些领域做得不足的公司之一是福特汽车公司——这是1987年崩盘后他选中的具有上涨潜力的公司之一。问题出在管理上。罗伯逊觉得,福特汽车公司应该回购股票,而不该去收购其他公司——这并没有赚取利润,相反消耗了利润。罗伯逊的研究显示,福特汽车公司能够以大约相当于每股收益4倍的价格回购其股票。福特汽车公司确实回购了部分股票,但又决定通过积极收购其他公司,而不是只专注于提高股价,来提高股东价值。罗伯逊觉得这太荒谬了。为什么它有机会获得20%~25%的投资回报,却只愿意接受大约4%的投资回报?罗伯逊和他的分析师们不忍看到这样的事情发生。很明显,福特汽车公司应该回购股票,继续清理其国防和零售业务。如果它想专注于收购,它应该专注于能够增加重大价值的收购,而不应单纯为了收购而收购。

罗伯逊在1988年7月1日给投资人的信中写道:"毫无疑问,如果他们继续大规模对外收购而不是进行激进的股票回购,他们就是在放弃长期投资机会,而想去建立一个帝国——一个终将崩溃的帝国。但是,我们可以而且也应该为此做些什么。否则,任凭福特汽车公司的负责人自行其是,很可能会错失千载难逢的机会。"

为了传达他的信息,罗伯逊写信给福特汽车公司的各位董事，并鼓励投资人代表他接触福特汽车公司的管理层。以下是他1988年7月1日写给福特汽车公司董事会副主席威廉·克莱·福特的信的部分内容：

亲爱的福特先生：

我想对福特汽车公司过去四年的戏剧性转变表示诚挚的祝贺。这是美国商业史上最伟大的成功故事之一，管理团队每个成员都应该引以为豪。然而，这个华丽的转身现在对贵公司的管理层提出了新的要求——贵公司的成功所产生的盈余现金，应该如何投资？

到目前为止，贵公司的投资业绩并不能与经营业绩相提并论。管理层可以回购公司股票，那么立刻就能实现超过18%的回报（基于过去12个月的收益）。但是，贵公司进行的对外收购根本没有机会获得与你们核心业务相同的回报。要理解贵公司为什么收购了第一全国金融公司、思博理新荷兰公司、美国租赁公司和赫兹租车公司等已经够难的了，但真正令我震惊的，也是促使我写这封信的，是贵公司竟然收购了BDM国际，而其回报率仅为约4.6%（4.25亿美元，去年赚了1 970万美元）。理由似乎是"此次收购填补了我们国防业务的一个漏洞"。贵公司航天部门过去十年一直在亏损，为什么贵公司还要参与国防业务？

要把管理层的经营成果进行投资，并不容易，但回报却是巨大的。例如，如果是在哈罗德·杰宁接管国际电话

7 新时代的黎明

电报公司的时候，投资国际电话电报公司 1 万美元，那么目前价值 3 万美元。但是，如果投资 1 万美元到亨利·辛格顿的特利丹公司，那么目前价值则超过 100 万美元。严格来说，杰宁是进行了收购。辛格顿则在股价高昂时买入特利丹的股票，并在股价低时回购。

贵公司的股票非常便宜。股价翻一倍才是合理的价格。我希望贵公司的管理层不要去想着建立一个帝国，而应该履行他们在 1987 年年度报告里的承诺——"我们为我们的股东——我们企业的所有者——工作，我们有责任使您的投资价值最大化"。我必须指出，实现这一承诺的方法是回购自己的股票。为了实现价值最大化的目标，我认为管理层加快股票回购是最佳的选择。

我们拥有不到 100 万股的股票，所以我知道影响管理层的可能性很小。尽管如此，我的基金正在花费大量的时间和精力来鼓励贵公司将利润用于合理的投资。我在此要求未来的投资回报与投资贵公司一样好，我相信我说出了许多投资者的心声。请像辛格顿那样，而不是想杰宁那样管理公司。

您诚挚的

朱利安·罗伯逊

这封信并没有被当作耳旁风。福特汽车公司的管理层开始与罗伯逊及其团队讨论自由现金的分配方式，以及福特汽车公司应该如何提升股东价值。罗伯逊从福特汽车公司及其董事那里得到的回应，增强了他对福特汽车公司的信心，就因为他们愿意听取股东的意见。

他仍然担心日本及其对美国市场构成的威胁。5月中旬之前，老虎基金在日本同时持有多头仓位和空头仓位。空头仓位与多头仓位之比为4∶1。随着夏天不断推移，老虎基金减少多头仓位，而增加了空头仓位。现在，老虎基金在日本的空头仓位相当于公司资产的13％以上。罗伯逊认为整体市场风险已经提高：货币政策进一步收紧和美元兑日元汇率突变，都表明流动性和利润率持续下降，而市盈率竟然还处于"离谱"的水平。

随着夏天的延续，政治和经济方面的许多事情依然让罗伯逊担心着。对经济衰退的担忧震撼了市场，破坏了周期性，一些基金经理似乎也受到了相当大的打击。但罗伯逊更担心的是贸易逆差。美国人对进口商品那么疯狂，这让他很不高兴。他认为，过度依赖进口商品长期而言对经济来说是一个真正的问题。他的第二个担忧是乔治·H.W.布什总统。虽然他长期以来一直支持布什总统，但总统竟然任命尼古拉斯·布雷迪为财政部长，罗伯逊感到很"震惊"。罗伯逊当时私底下并不认识布雷迪本人，只是在工作上认识他，但不喜欢他在迪龙·瑞德公司所做的工作。根据罗伯逊的说法，布雷迪管理迪龙·瑞德的时候，公司不仅从业界数一数二的位置滑落到了谷底，甚至完全无力参加竞争。布雷迪以好人而著称，职业操守好，诚实又聪明；但在罗伯逊看来，他管理公司的记录这么差，布什总统不应该重用他。罗伯逊觉得，布什总统聘请布雷迪是因为对他感觉良好。罗伯逊曾希望总统会聘请最优秀的人：如果觉得总统错了，最优秀的人也会毫不犹豫地反对总统。

到了初秋，选举的困局开始了，华尔街几乎停止营业——或者至少进入了自动导航状态。罗伯逊觉得，每个人都对一切漠不关心！似乎每个人都有理由什么都不做，但他却精神百倍地做事情。他的数据表明，公众正在抛售股票和债券，全美的情绪是他在华尔街遇到的有史以来最悲观的情绪之一。这给罗伯逊创造了很多机会，他要好好地利用这些机会。罗伯逊再次把注意力转向看跌期权，把它作为应对日本市场重大崩盘的保险。虽然如此乐观，他仍然谨慎行事。他把对市场的敞口限于资本的85%左右，留有足够的弹药来应对年内出现的机会。

深秋之际，老虎基金有些受挫。市场已经转向，老虎基金开始逆行。美元兑其他货币变强，日本市场继续上涨。老虎基金由于几乎没有杠杆收购交易的敞口，因此受到了较严重的打击。罗伯逊减少了日本市场上的空头仓位，将不包括日本公司股票在内的货币敞口降到公司股本的1%以下，并继续维持对日本市场的看跌期权。这是他职业生涯中第一次对沃尔玛、默克和强生等公司感到兴奋，因为它们显示，无论经济状况如何，它们都能增长。福特汽车、克利夫兰·克里夫斯和联合航空也给他留下深刻的印象，因为它们的增长速度也高于他的预期。时局很艰难，但总体而言，这又是积极的一年，尽管在市场上寻找机会既困难又令人沮丧。1988年年底，罗伯逊和他的团队仍在继续奋斗。当年，他们的业绩上涨了26.3%。

在20世纪80年代末90年代初，罗伯逊与投资人沟通的语调发生了重大的变化。他继续向投资人解释他和分析师们如何寻找股票来做多和做空，解释他对股票市场的想法，同时他也开始广泛地评论地缘政治及其对金融市场的影响。1989年1月6日，在给投资人的信中，他评论了这样一个事情：1988年的前9个月，美国公民个人储蓄的增长速度比过去20年任何时候都高。苏联总统米哈伊尔·戈尔巴乔夫和苏联人真正希望东西方之间的军备容纳能够实现。个人储蓄的增加和国防开支的减少是对固定收益市场和证券市场的利多。虽然罗伯逊确实看到了市场上的各种机会，但他担心美国政府在花虚无缥缈的钱，也没有抓住机会来降低赤字。

1988年，老虎基金通过聘请蒂姆·希尔特来加强它在全球市场的力量。希尔特曾负责管理日本基金和摩根士丹利的日本研究工作。基德·比博迪的制药行业分析师阿诺德·施耐德、彼得·贝尔顿和帕特里克·达福也加入了老虎基金，进一步充实了老虎基金的投资和分析人才团队。老虎基金的资产不断刷新纪录；公司不仅扩充了纽约公司的人手，还开始在世界各地开设公司。在此期间，老虎基金拥有罗伯逊认为介于垄断性质和寡头垄断性质之间的一些股份。戴比尔斯就是其中之一，该公司控制着全球80%以上的钻石市场。罗伯逊曾去伦敦参观戴比尔斯，他观察到，虽然该公司需要采取一些明确的步骤向投资人披露更多的财务和业务细节，而且公司的销售额有待提高，但在垄断的情况下,"很少有人担心利润率"。

老虎基金的投资组合还包括联合航空公司、美国航空公司和达美航空公司的股份,这三家公司在航空公司危机中得以幸存——在罗伯逊看来实际上是寡头垄断。他还喜欢托斯科公司,这是一家独立的炼油公司,也是唯一一家在本领域运营的公司。沃尔玛也被认为很有吸引力,因为跟其对手相比,它拥有显著的成本优势,因而处于几乎"无懈可击"的地位。

罗伯逊看到了市场的美好前景,因为供求规律真实不虚。市场上的现金越来越多。而因为疯狂的并购,股票越来越少。这使罗伯逊对未来几周甚至几个月都充满了信心。但是,政客们却不关注预算赤字,他们缺乏领导力,这让他失望至极。

日本的问题让他担心,布什总统缺乏推动经济发展的能力也让他担心。他希望美国的问题能有人处理一下,他还认为现任政府几乎没有做任何事情来促进发展。对他来说,处理的方法很简单:看看其他人怎么解决他们的问题,然后依葫芦画瓢。罗伯逊是受到英国的启发——英国成功地解决了经济困境问题。关于这件事,他花了大量的笔墨跟投资人交流:

> 20世纪80年代初,美国最亲密的盟友面临着不断升级的社会主义倾向,导致其最优秀的企业家因为税负太重而被迫移居国外,经济萎靡不振。它的货币本来就弱,现在越来越弱。它的预算赤字不断增加。但我们的那个盟友没有跌入无底洞——因为它有杰出的领导力。

如今，这个盟友的预算出现了盈余。而且，如果目前的趋势继续下去，到 1995 年它将完全摆脱债务。它的货币和市场都很强劲，它的人民也具有新的创业精神。即使是超高的利率，也无法削弱其强大的经济。我们的盟友，当然就是英国，它的领袖，当然就是铁娘子撒切尔夫人。我们再来看看，如果我们的领导人做了他应该做的事情，即进行领导，美国会怎么样。

几年后，罗伯逊聘请撒切尔夫人作为老虎基金的顾问。他向她咨询有关全球经济和政治局势的建议，并希望她能够帮助增强公司的知识基础。罗伯逊还聘请参议员罗伯特·多尔担任顾问，以帮助自己更好地了解地缘政治局势。

罗伯逊热衷于给投资人写信，信中充满了关于公司投资组合、仓位与战略的信息和评论，但他也提出了减少预算赤字的方法——首先是对汽油征收 25 美分的税，然后是对酒和香烟征收罪恶税，甚至对冰激凌和糖果征收健康税。

在他的信件中，赤字是一个常见的主题。他把赤字问题的责任归咎于华盛顿的不作为。他认为，减少预算赤字的机会很多，但政府官员是否会做出这些艰难的决定，这很难说。在他看来，美国正经历着一个漫长的时期，在这期间政府入不敷出。由于没有出现灾难性情况，政客们更容易不采取补救的措施。

华盛顿的问题和税收问题只是他在给投资人的信中和在公司投资组合中需要考虑处理的两个主题而已。其他的主题包括贪婪。在此期间，他非常关注正在席卷股市的杠杆收购趋势，尤其是金融公司科尔伯格-克拉维斯-罗伯茨（KKR）收购烟草公司雷诺。他说，KKR 的收购价格几乎比市场愿意支付的价格高出 100%，并且在收购整个公司时，KKR 放弃了流动性。KKR 跟老虎基金不同，三位创始人无法摆脱仓位，因为他们拥有一切，他们就是市场。

国会、媒体甚至公众都在担心杠杆收购现象。我们怀疑，如果不是杠杆收购，他们也会担心外国公司收购美国公司，而且可以肯定的是其中会有日本公司。阻止杠杆收购和外国收购的方法当然是让股价高起来，而且是以奇怪的方式高起来，这正是杠杆收购会导致的结果。由于克拉维斯先生花 200 亿美元购买雷诺烟草公司，菲利普·莫里斯花 60 亿美元买下卡夫食品，这 200 多亿美元将通过全球的沃尔玛和联合航空公司回归。

当时，老虎基金对沃尔玛和联合航空公司都拥有重仓。罗伯逊相信，现任的管理层是最佳的管理层，即山姆·沃尔顿和史蒂夫·沃尔夫。罗伯逊觉得自己持有如此仓位，好处是最佳的管理层能使股价达到每股收益的 4.5 倍；并且，他认为这会"让卡尔·伊坎和亨利·克拉维斯垂涎三尺"。

1989 年的夏天，罗伯逊非常需要新的想法，于是他开始指望投资人能拓展他的思路。罗伯逊始终相信老虎基金的重要资源之一是合作伙伴的知识和经验，而老虎基金确实需要启用这种资源。1989年8月31日，罗伯逊写给投资人的信的标题是《救命！！！》

他首先说明，公司一如既往地努力提升业绩，但"现在与其历史上任何时候一样"，迫切需要"新的观念"，美洲狮基金尤其如此。

他认为，为了保持最高效的运营，公司需要不断有更好更新的创意，来取代投资组合中现有的好创意。没有新创意不仅会减缓公司前进的步伐，还可能使目前投资组合中的股票停滞太久。他说，最近出现的一系列成功和错误，都证明公司需要新的观念。罗伯逊举例说明了老虎基金对施贵宝（Squibb）、联合航空公司和美国航空公司的成功投资。但是，他说，有一些投资不成功，比如对炼油公司的投资，现已大大削减了仓位。

罗伯逊相信，最佳的投资理念可能来自投资人对某些行业的深度了解。例如，一位对新药或新的手术方法有研究的医生可能会推荐某家制药公司作为投资标的。寻找新观念的第二个最佳来源是朋友。如果朋友公司的业务出现了变动，他们可以提醒罗伯逊。然而，这个来源不好评判。如果跟某个朋友关系太好，那个朋友提供的信息可能会是加工过的信息，而罗伯逊想要的是原汁原味的信息。在那封信里，他继续说："鉴于我们所有人都要注意关于'内幕消息'的问题，请不要传递或接收可能属于'内幕'范围的任何内容。安全第一。"

1989年秋天，罗伯逊和他的团队采取更保守的投资策略。因为发生了不少事情，他们不得不采取这种做法。他们还认为经济正在逐渐衰退，而他们不确定经济到底会朝哪个走向发展，或者问题会持续多久，但他们预计经济会下滑。公司基于此持有许多反周期的公司股票。他们做多沃尔玛、玩具反斗城、默克和强生的股票，还做空一些周期性股票。

罗伯逊认为，老虎基金为不久的将来准备好了适当的对冲资源。他不相信困难是无法克服的，也不相信他们会挺不过去。利率不断降低，这意味着收益率曲线显示的短期回报不如当时的股票那么有吸引力。退休计划是证券的最大购买者，但是它持有的股票与债券的比例非常低。罗伯逊的研究表明，过去的30年中，退休投资组合的股权比例介于42%的低点和67%的高点之间，当时约为45%。另外，日本人似乎还在买入美国市场上的股票。罗伯逊认为，按照日本人的购买速度，美国市场的规模需要扩大一倍，或者是日本市场的规模减半，才能使日本市场相对于美国市场更具竞争力。他发现欧洲人也在买入，这意味着有三个群体对市场施加买入的压力。

这些年来，罗伯逊在他所谓的"日本保险单"上花了很多钱。他的做法是对日经指数进行两年或三年的看跌期权。这样的做法在大多数时间里都有效，但是，事实证明完全没有必要这样做，日经指数没有崩盘。但是，对罗伯逊来说，这就像人寿保险一样：你知道你需要它，你希望你的继承人能从中受益，但你还是希望在今后很长时间内最好用不上保险。

不过，他相信日本的时代终将会到来，而且他的"日本保险单"会给他带来回报。日本正在发生的事情让他相信，他的

"保费"不会浪费。他得到的有关生活水平和普通住房成本的数据——甚至是高尔夫球俱乐部会费的价格——都表明日本的经济已经趋于崩溃。但当他看到日本经济即将受到重创的信号时,他仍对日本的文化和成功感到惊叹。他惊叹于这个国家的储蓄能力,以及它所发展出的让美国相形见绌的优秀教育系统。

11月,罗伯逊向他的投资人发送了一份由蒂姆·希尔特编制的图表文件。其中显示了日本公司与美国公司的相对回报率(见表7.1)。这些比较解开了日本公司优于美国同行的谜题。

表7.1　日本公司与美国公司的相对回报率比较

企业数据	日本	美国
营业利润率	3.20%	10.40%
税前利润率	3.20%	8.80%
净利润率	1.60%	5.40%
股本回报率	7.30%	15.40%
资本回报率	4.90%	11.80%
现金流/股本	19.00%	28.90%
股本/资本	56.30%	64.20%
利率		
3个月期存单	6.50%	8.00%
10年期政府债券	5.40%	7.90%
股市比率(1989年估值)		
股价/每股收益	55.4倍	13.4倍
股价/每股账面价值	4.2倍	2.4倍
收益率	1.80%	7.50%

资料来源:1989年11月3日朱利安·罗伯逊致投资人的备忘录。

1989年12月,罗伯逊再次提醒他的投资人需要向他们的配偶隐瞒那封有关年终总结的信。老虎基金在扣除所有费用后实现了49.9%的增长，S&P 500指数涨了31.7%，MSCI指数上涨了16.6%。老虎基金采用了完全不同于历史上任何时期的投资策略，使得投资组合的表现非常出色。当时普遍认为垃圾债券行业完全腐败，老虎基金却持有了一些垃圾债券。老虎基金发现，一些相当不错的垃圾债券也混杂在绝大多数不良交易中，因此有一些不错的买入机会。罗伯逊对能够投资雷诺和美国医院集团这样的公司感到很欣慰，它们的收益率约为30%，唯一的风险在于公司的偿付能力。罗伯逊放弃了很长一段时间以来所关注的日本，而是把注意力转向德国。罗伯逊说，虽然德国"可能是世界上财政最稳健的国家"，但它深受"拥有世界上最便宜的股票市场"之苦。

在苏联解体和柏林墙倒塌之后，老虎基金稳步增加了在德国的投资。虽然华尔街也正在经历"衰退"，并且市场上看空情绪浓郁，但老虎基金仍然看涨。因为老虎基金团队正在德国和垃圾债券等"非市场情况"中寻找机会，所以如果未来几个月市场表现相当强劲，老虎基金可能会跑输大盘。

进入20世纪90年代，老虎基金空前强大。狮子是丛林之王，而老虎基金是华尔街之王。老虎基金在华尔街的丛林中大步向前，一次次地击败所有的指数。罗伯逊不仅业绩比当时任何人都要好，而且也是同龄人和同时代人羡慕的对象。多年来，老虎基金在华尔街及其周边享有盛誉，但在专业领域之外几乎没有引起任何关注。现在，罗伯逊想改变这一现状。为了提高知名度和曝光率，罗伯逊开始认真尝试让媒体来报道。

老虎与媒体共舞

老虎基金无疑是20世纪90年代初和中期全美"最炙手可热的基金"。经过11年的运营，老虎基金所管理的资产达20多亿美元，扣除所有费用后，年回报率为45.6%，而S&P 500指数的增长为30.5%，MSCI指数的增长为18.3%。

有关老虎基金的第一个大新闻（不单纯是市场分析或公司评论）发布于名为《商业周刊资产》的短命刊物。那是1990年11/12月那一期的封面故事，标题为《世界上最好的基金经理：你可以向朱利安·罗伯逊学到什么》，作者是盖瑞·维斯，一开篇他就写道：

公园大道101号大楼的大堂目录上写着"47号——老虎"。曼哈顿白页电话簿上的记录更详细一点——老虎基金，加上电话号码和地址。罗伯逊给公众的印象就是如此——极简。这里有一份美国证券交易委员会的文件，其中有一段财经媒体的报道。罗伯逊并不出名。财富，他拥有很多。但名气，并不大。

S&P 500指数全年上涨2.6%。在这一点上，老虎基金的业绩涨幅也是一个类似的数字——只是小数点往右边移动了一位。除了少数相当快乐的人之外，所有人都不知道老虎基金业绩增长了26.7%，而不是2.6%。大多数的基金经理如果能实现这种业绩的一半，他们会高兴到飞起。

罗伯逊为能有这样的纪录而感到自豪。不过，似乎还有更重要的事情正在折磨他。"今年的股票对我们不薄"，在他慢条斯理的话语里，都是北卡罗来纳州的腔调。他说完这句话，停顿了一下，然后陷入了沉思。"嘿，埃德"，他对坐在不远处的一位同事喊道，"我们今天和一个人谈过，他说我们应该做空大通……查查看，大通可能不错哦。"他的同事不置可否。没错，埃德对大通很熟悉，于是埃德开始侃侃而谈。罗伯逊和蔼可亲地打断了埃德。"我只是想告诉你：如果你不做空某些银行的话……"他顽皮地笑了笑。

剩下的就是历史——因为没有更好的词可以用来描述了。8月9日，大通股价是19美元。华尔街很谨慎，但几乎不看跌。两天前，有著名分析师重申了对另一家著名银行控股公司——化学银行（Chemical Bank）——的评级，为"有吸引力"。但在短短几周内，随着有关银行尤其是大通的坏消息在金融媒体上散播，货币中心银行股价开始自由落体。没有比大通股价落得更快的了。到 9 月底，大通股价跌至 11 美元，市值缩水 42％。

从投资的角度来看，此时金融危机真正出现了。当银行业惨状全部曝光之时，股价跌入深深的谷底。对于大多数投资人来说，一切都太迟了。除非你有一个水晶球并可以通过它看见未来，否则，银行业的衰落和银行股价的下跌就意味着大家都错失了做空的机会。或者，除非你是朱利安·罗伯逊。

远见，灵活性，全球视野，在地球上的任何地方做空和做多。对于罗伯逊来说，夫复何求……

如果这样的文字都不足以让人们思考这位基金经理的力量和潜力，以及他驾驭市场的能力，请继续往下看：

罗伯逊的办公室位于公园大道 101 号大楼，窗外景色优美，而且在全球投资方面，没有人比他更成功。罗伯逊最近的投资业绩，无人能比。此外，罗伯逊的投资组合勇猛逆行，突破了华尔街的"小而美"的传统智慧，其规模增长到近 10 亿美元，同时也获得了惊人的收益。

维斯又写了一千字左右，然后得出结论：

虽然由于监管方面的限制，投资人目前无法投资老虎基金，但罗伯逊将奋力向前，为基金经理做领头羊的榜样，这至少会给投资人带来些许安慰。

通过阅读和研究这篇文章，再与维斯交谈，我可以清楚地看出，华尔街已有共识：20世纪80年代末90年代初，在资金管理方面，没有人比罗伯逊和他的老虎基金更厉害的了。在对冲基金方面，他干得比索罗斯好，也比斯坦哈特好。在共同基金方面，也没有人能和他比肩，即使是传奇人物彼得·林奇。他甚至比沃伦·巴菲特还要厉害。

这篇报道让罗伯逊非常高兴，也让他的父母感到非常自豪。除此之外，这篇报道还激发了人们和机构对老虎基金的兴趣，尤其是不了解老虎基金实力的人。对冲基金界和华尔街内外的许多人都知道罗伯逊和老虎基金，这篇文章标志着他在更广范围的高净值投资人和机构中首次亮相。

帮老虎基金打广告可能不是《商业周刊资产》编辑和记者的初衷，因为这份刊物销量不行。维斯说，这篇文章发表后不久，《商业周刊资产》就停刊了。尽管如此，这篇文章成了接下来许多年老虎基金的一个非常好的营销工具。直到20世纪90年代，老虎基金都还将这篇文章作为广告素材。

这篇报道引发了罗伯逊和老虎基金的一系列故事。在接下来的几年里，主要的金融出版物都在介绍罗伯逊和他的老虎基金的故事，包括《机构投资者》《巴伦周刊》等。大部分都是人物专访,有一些是关于股票市场和罗伯逊对某些股票的想法的简单采访。大多数采访都是罗伯逊详细阐述他对很多问题的看法,如地缘政治局势、各个国家和地区的经济如何受到全球事件的影响、投资人应如何根据各种新闻事件来看待投资等。这些报道让人们开始关注老虎基金,并带来新的投资、更高的管理费、可能更高的激励费,也带来必须经历的成长的痛苦——这是所有公司在扩大业务和跨越重要资产门槛时都会经历的。

1991年1月,罗伯逊庆祝老虎基金上一年极好的表现。虽然第四季度没有他预估的那么好(老虎基金的相对业绩逊于S&P 500指数的增长),但年均增长还是碾压了业界的平均水平。老虎基金在扣除所有费用后实现了20.5%的增长,S&P 500指数跌了3.1%,MSCI指数跌了17%。

罗伯逊对第四季度的表现并不满意,因为公司在此期间只有总资产的45%可用于操作。如果老虎基金想跟上大盘的步伐,它的表现就必须远超指数的增长。

罗伯逊跟资金管理行业的一般人不一样。1991年初的时候,他们都说严重的经济衰退即将来临,罗伯逊并不这样认为。他的数据显示,虽然经济还没有走出困境,但情况已经渐渐好转。美联储正在放松货币供应和利率,他认为这将刺激经济并影响股市。虽然他认为第二季度和第三季度经济会很强劲,但他仍然将投资组合的方向定为相对保守。老虎基金持有史密斯食品(Smith Foods)、狮王食品、牛奶集团、特易购和沃尔玛等公司的股票，他认为这些公司不会受到经济衰退的影响。然而，他担心老虎基金在金融领域的地位。他认为银行会出现麻烦，所以他做空了国内外一些银行的股票。他还估计日本市场会出现下滑。他相信，如果美国和欧洲陷入衰退，日本就会是下一个。在货币方面，他做多德国马克。对他来说，这是首选货币。在德国自身统一等因素的压力下，罗伯逊对德国央行及其控制通货膨胀、保持货币强势的能力抱有极大的信心。老虎基金1991年的表现相当抢眼，其收益率为45.6%；S&P 500指数和MSCI指数的年度涨幅分别为30.5%和18.3%。

从1991年底一直到1992年，公众对股市的兴趣一直是由罗伯逊在推动着。他认为，个人投资者已经厌倦了3.5%的银行存款收益率，他们都想获得更高的回报。过去，投资者会去其他的地方寻找投资标的。比如，他们将资金投入房地产市场。但此时，他们开始将目光投向股市。问题是，市场的反弹能否持续？如果能，会持续多久？

罗伯逊认为，至少到3月，或许4月，股市都还会继续反弹，最终利率上升了才会回落。S&P 500指数的市盈率为18.6，远高于正常水平，并接近历史最高位。首发股（IPO）出现的速度比以往任何时候都快，这意味着新发行的股票充斥着市场。这不是一件好事。股市需要自我调整才能再次上涨。罗伯逊愿意静待这一切慢慢发生。

罗伯逊还担心公众对固定收益证券缺乏兴趣，以及政府无法控制预算赤字。虽然他无法激起公众对债券的兴趣，但他确实有一个解决预算赤字的建议——增加汽油税。

他说，美国的天然气比世界上任何地方的都便宜，美国可以向英国和挪威等国家学习，这些国家的天然气价格是美国的两倍，而且燃料也做到了自给自足。罗伯逊提议，和政府关系密切的投资人可以游说联邦政府，建议每加仑征收 0.35 美元的税。他认为这是一箭双雕的做法：首先，它将每年减少近 350 亿美元的预算；其次，它将促使美国节省燃料。他写道："在削减预算赤字的同时，又改善了环境，这是一个非常值得追求的目标。"

老虎基金很幸运，因为罗伯逊的选股建议比他的政治建议更成功。汽油税的想法石沉大海，但老虎基金在 1992 年结束时，业绩涨幅只略低于 27%，而 S&P 500 指数和 MSCI 指数分别只上涨了 7.6% 和 5.2%。

本章前面提到老虎基金不断成功，引发了成长的痛苦。随着他们管理的资产急速增长，老虎基金又吸引了更多的投资人。公司也从一个洋溢着友善气氛的小公司，变成了一个复杂的资金管理组织——公司的后台力量确保订单得到执行，盈利和损失也一一记录在册。这方面的业务，罗伯逊最初是交由他的主要经纪商摩根士丹利来帮忙打理。随着基金不断壮大，他意识到他只需要管理好内部人员，反过来，这些人又可以操作驱动公司的另一台引擎。1993 年初，罗伯逊向投资人报告业绩，说 6 月 30 日到 11 月底的业绩数据被"严重"夸大了。月度报告似乎没有包括其全球宏观交易操作的各种融资成本，导致老虎基金将业绩夸大了 4% 以上。这不是该公司第一次不得不修正数据，但是，坦率地说，这在投资界并不少见。华尔街大大小小的公司都会出错，也造成了各种尴尬。但罗伯逊绝不能接受这样的错误。

公司的发展超出了罗伯逊的预期，他需要确保基础设施到位，保证前台和后台能继续满足甚至超越投资人的预期。为了给后台和交易部门配置合适的基础设施，罗伯逊向卢·里恰尔代利求助。里恰尔代利是华尔街经纪业务方面的传奇人物，1991年被罗伯逊评为"年度老虎"，并于1992年年中加入老虎基金。（"年度老虎"是罗伯逊为他认为对老虎基金的成功做出贡献的人所颁发的奖项，其中包括罗伯逊向获奖者指定的慈善机构赠送一份大礼。）里恰尔代利初到老虎基金时，先是和摩根士丹利的人配合。摩根士丹利的人是被聘请来帮忙开发系统和流程的，以应对股市交易量不断增多，以及运营各领域的所有行政方面的问题。当基础设施渐渐成熟，里恰尔代利用老虎基金的人取代了摩根士丹利的人，并全面负责管理公司的非货币业务。罗伯逊仍然是整个组织的一把手，并密切参与资金管理方面的业务，但他很高兴让里恰尔代利负责行政管理和后台事务。老虎基金需要让里恰尔代利和他的系统发挥作用，以便在全球市场上大显身手。一些前交易员和分析师说，老虎基金在成立的头10年里就在五六个国家进行了投资。到20世纪90年代初，老虎基金每周昼夜不停地运作5天半到6天的时间，在超过22个国家的股市进行交易。

里恰尔代利开发的项目之一就是"影子投资组合会计系统"。罗伯逊曾考虑过这种情况：如果分析师认为应该持有5万股的仓位，而罗伯逊认为应该持有15万股的仓位，此时需要有一种系统，来奖励正确的交易决策。因此，他请里恰尔代利开发了这样一种系统。

里恰尔代利说："这样说吧，分析师会因为提出的任何想法而受到赞扬。如果他提出了某个想法，老虎基金持有的仓位却没有任何改变，而那个想法是能赢利的，他将得到100％的奖励。"

使用影子投资组合会计系统，罗伯逊可以根据分析师对投资组合利润的直接或间接贡献来记录他们的表现。这有助于确定分析师的价值，更重要的是，确定了分析师的薪酬依据。

在老虎基金，能者多劳且多得。当然，每个人都有底薪或抽成，可以让他们的生活过得去，电费也交得上，但真正的大钱是奖金或公司奖励机制中的积分。在大多数情况下，老虎基金向投资人收取1％的管理费和20％的激励费。（某些产品有不同的收费标准，见附录。）就是说老虎基金收取了所创造利润的约20％，这意味着在某些年份，奖金池里的资金实际上达数亿美元。

大多数基金经理根据业绩，将公司利润的一部分拿出来分给所有员工——你为业绩做出了贡献，这是你该得的。这是老虎基金薪酬计划的指导思想，但真正实施起来不一定如此。有一位前分析师说："做法呢，就是要得到他的批准，这意味着你会得到非常高的薪酬。但他永远不会告诉你你做得很好，相反，他会让你管理某个投资组合。这意味着他喜欢你并尊重你的工作，但这并不一定意味着你会因此而得到补偿。没那么简单。"

8 老虎与媒体共舞

在老虎基金，人们似乎在为两件事而战：罗伯逊对他们工作的尊重和来自罗伯逊个人的尊重。一位前分析师说："如果他喜欢你，不管你对投资组合的贡献有多少，你都会得到非常高的薪酬。没有什么奖励标准。但是，不知怎么回事，他就是让奖励机制发挥了作用。他如何确定谁该拿多少，这我不知道，我只知道如果他喜欢你，这会为你加很多分。"

人们留在老虎基金是因为，即使这些条件不是绝对如人意，但在这里赚到的钱比在华尔街其他任何地方都多。虽然它的环境可能不是最好，但有一些东西让这种环境产生作用，并促使这里的人团结在一起。似乎每个在老虎基金工作过的人，无论他们是在什么时间任职，他们都以某种形式或方法与其他人接触过。这些接触不一定是通过社交的方式，但也都是专业性的接触。你只要跟一位老虎基金的前员工交谈，尤其是跟20世纪90年代初和中期在那里工作的人交谈，那就等于跟所有人都谈过了。他们之间充满战友般的情谊，在10多年后仍然如初。

在20世纪90年代初到中期的大部分时间里，随着所管理的资金剧增，罗伯逊向不少人伸出求援之手，希望他们能帮他建立一个更大、更强大的投资团队，以确保资金得到正确有效的管理。他首先把注意力转向交易。最初，老虎基金的交易是随机的。10年后，罗伯逊意识到需要更严肃地对待老虎基金所进行的交易，需要达到一个新的高度。在市场上操作数亿美元是相对容易的，但是当涉及数十亿美元的时候，那可就另当别论了。公司此时不仅必须有最好的和最有前途的点子，还需要运作资产，利用发现的大好机会来赚钱。罗伯逊最终找到了蒂姆·衡尼,让他负责把老虎基金的交易安排得井然有序。

如果说罗伯逊是一级方程式赛车手,那么衡尼就是一位机械师,每天他都得挖空心思想办法创造流动性,面对成交量很小的股票时也需如此。衡尼想要开发出一套交易系统和程序,以应对资金的大量流入。公司需要制造一台机器,让钱发挥最大的作用。他需要大规模做多和做空,这涉及巨额资金的流动,但他又不想引起市场变动或波动。他需要做的是将资金投入运作,不让公司失去相对于竞争对手的优势;更重要的是,不能错失投资机会,因为当华尔街听到老虎基金有做多或做空的动作时,价格波动会非常剧烈。

衡尼在公司也发挥了重要的心理作用。罗伯逊似乎一直担心他的交易员和经纪人会绕过他或背叛他。衡尼必须不断向罗伯逊证明,自己和与自己一起工作的人完全可以信任,可以完成工作,并且没有人会背叛罗伯逊。

衡尼需要负责很多事情,其中之一是从罗伯逊手中接管交易,好让罗伯逊可以专注于投资决策。那个时期,资金疯狂涌入,罗伯逊需要能够信任的人来执行订单业务。罗伯逊要信任衡尼和他的团队,这样自己就可以专注于为新资金寻找投资标的,以保持公司一贯的高回报率。

老虎基金交易量不断增大,运营端不断发展壮大,罗伯逊意识到在业务发展和管理上需要找人来帮忙。罗伯逊看中了摩根士丹利的年轻分析师约翰·格里芬。格里芬参加过投资银行的不少项目，其中一个就跟老虎基金有关。这将是一段良好关系的开始。

格里芬曾在弗吉尼亚大学攻读金融学学位，1985年毕业之后受聘于摩根士丹利的商业银行集团，担任分析师。任职期间，他参与了对冲基金"阿拉伯风险伙伴"筹集次级债务的交易。那种交易在当时还是非常罕见的。这引起了罗伯逊的注意，他想用同样的方式为老虎基金筹集资金。

格里芬回忆道："罗伯逊打电话给他在摩根士丹利的销售人员，让后者找个了解这笔交易的人，到老虎基金去给他做个介绍。安排要去老虎基金的那天，我的上级生病了，我打电话要取消会议，销售人员不肯，于是我们就一起去了。"

做介绍的时候，罗伯逊问了很多关于那笔交易如何运作、可筹集资金的数额以及成功的可能性的问题，格里芬回答"我们可以试试"。第二天，罗伯逊给格里芬打电话，让摩根士丹利为公司的美洲狮基金筹集资金。从1986年春天到当年的10月，格里芬和摩根士丹利的人下了大力气，为美洲狮基金筹集了3000万美元。

格里芬最终于1987年夏初从摩根士丹利辞职，7月开始在老虎基金上班。他就这样帮自己创造了一个机会，成了罗伯逊的左膀右臂。据罗伯逊说，格里芬后来把"他所有的朋友"也都拉进了公司。在格里芬加入老虎基金之前，老虎基金的状况是罗伯逊对其他所有人。从此之后，是罗伯逊和格里芬对其他所有人。出现的唯一不和谐之处是，格里芬想去斯坦福商学院深造。罗伯逊不想让他去，但最后双方达成协议，格里芬一边深造、一边为老虎基金工作，完成课程后回到老虎基金。为了让罗伯逊同意这个安排，格里芬在他的房间里安装了一台传真机，以便收发来往纽约的文件。如今在家里甚至在宿舍里有一台传真机不算什么，但在 20 世纪 80 年代中期，那可是相当昂贵而且运作缓慢的科技产品。那个时候，1 小时内可以传完几页纸的内容就很幸运了，而且必须很小心，必须保证用于接收文件的那种又薄又脆弱的纸不能用完。

整整一年的时间，格里芬做的是行政方面的工作。他 1988 年秋进入斯坦福商学院，1990 年春回到老虎基金。随着时间的推移，格里芬和罗伯逊的友谊不断加深。格里芬最终将成为罗伯逊的接班人，当上老虎基金的总裁。这一切都源于那个他不太想去参加的会议。格里芬一直留在老虎基金，直到 1996 年 1 月他辞职自己创业。彼时的他，比 11 年前刚加入老虎基金的时候，更富有、更明智。

获取信息很重要，但能够对信息做出正确决策，那是罗伯逊厉害的地方。罗伯逊的老朋友、做空高手吉尔克里斯特·博格说，罗伯逊与其他人的不同之处在于，他能够听取关于股票价值的各种讨论，然后迅速做出决定。

博格在 1991 年 9 月的《福布斯》杂志上发表了一篇文章，以木材公司 WTD Industries 为例，分析了罗伯逊的这种能力。1990 年，老虎基金持有 WTD Industries 的大量股票（数量之大，老虎基金需要填写 13D 文件向美国证券交易委员会报备）。后来，罗伯逊听取了一份看跌报告，接着和推荐这只股票的分析师进行了核实，然后快速地全部清仓。当他向媒体解释他做出的决定时，他只是说："我之前决策错误。"WTD Industries 1991 年申请破产保护。

在同一篇文章中，博格说罗伯逊与众不同的另一个地方是，他能够同时处理多个投资机会，并相信自己的直觉。博格还说："罗伯逊拥有丛林中最好的动物本能。"

1990 年 1 月，理查德·法伦在《福布斯》上撰文，提出罗伯逊的投资风格是对"控制性侵略"的研究。他说，罗伯逊是"可能在橄榄球比赛中第一次进攻就全力以赴的人，但绝不会是在第四次进攻或推进码数不够时再全力以赴的人"。罗伯逊能利用对冲基金在证券和期货市场随意游走，并利用做空和杠杆赚取大量利润，且风格稳健。

许多人会尝试效仿他的组织，并采用类似的策略，但这谈何容易。罗伯逊的方法不局限于一种学科或一种工具，因此他才能在投资界所有的领域中开展业务。他成功的关键在于他有开放的想法，并能够通过"他脑中的计算机"来运作这些想法。

老虎基金无疑是 20 世纪 90 年代初和中期全美"最炙手可热的基金"。经过 11 年的运营，老虎基金所管理的资产达 20 多亿美元，扣除所有费用后，年回报率为 45.6%，而 S&P 500 指数的增长为 30.5%，MSCI 指数的增长为 18.3%。

1993 年，心理治疗师亚伦·斯特恩加入老虎基金，以壮大老虎基金的人才队伍。罗伯逊让斯特恩负责人才招聘事宜。斯特恩对来求职的人进行面试，还开发并实施了一个测试系统，所有来求职的人在加入老虎基金之前都需要通过测试。这些测试能帮助斯特恩和罗伯逊确定来求职的人是否符合老虎基金的要求。

多年来，符合老虎基金的要求包含很多意思。来求职的人必须具有以下特征：

（1）聪明、阳光、技能高超；

（2）有强烈的道德感；

（3）热爱运动，注重身体健康；

（4）对慈善公益事业感兴趣；

（5）有幽默感，能愉快相处；

（6）过硬的履历。

斯特恩说，那些年老虎基金的运作方式松散，没有等级制度。"大家畅所欲言，毫无隔阂。"

罗伯逊本人的办公室就没有门。其意图是创造一种让思想自由流动的氛围。斯特恩说："他努力不与他的团队分开。"

即将进入1994年，罗伯逊依然一路顺风顺水。1993年结束时，老虎基金的业绩上涨了近80％，S&P 500指数涨幅略高于10％，MSCI指数涨幅接近21％。这样的业绩非常好，罗伯逊对老虎基金这台资金管理机器的表现非常满意。他分析了当年老虎基金的弱项，其中有外汇仓位的问题，还有做空选择不当的问题，还有几项空头交易不如他的预期等。他1994年的目标是更好地做空，并提高老虎基金在外汇市场的能力。这两方面都需要通过聘请经验丰富的交易员和分析师来实现。

8 老虎与媒体共舞

但很不幸，1994年对老虎基金来说并不是好的一年。情况并没有按预期的发展。老虎基金的业绩下跌超过9%，而S&P 500指数上涨了1.3%，MSCI指数上涨了3.3%。亏损发生在1994年第一季度，罗伯逊解释说这是1993年超额利润的"正常回调"。1994年的亏损直接导致了关于对冲基金投资的一项特色税收。一些投资人在老虎基金业绩不佳的年份也产生了一些应税收益。罗伯逊说这是因为多年来老虎基金的应税收益明显低于经济收益。也就是说，一些已经投资了一段时间的合伙人必须为上一年未实现的收益纳税。为了解释得更清楚些，他举了下面的例子来说明：

> 老虎基金投资人1993年的典型应税收益约为30%，而他们的经济收益约为65%。1994年，投资人的经济损失约为9%，应税收益约为10%。

1995年、1996年情况有所好转，合并的基金给投资人带来了50%的回报，公司资产接近80亿美元。

这个时候，全球宏观投资经理的风格更加强势。老虎基金拥有巨额资金，也正在寻找其他的投资标的。老虎基金投资组合的范围很广，从股市传统的多头/空头头寸，到意大利和加拿大的短期票据，到新西兰的债券、俄罗斯的债务和股权，再到日本和墨西哥市场上的空头仓位。

与此同时，罗伯逊开始买入商品钯。他认为，俄罗斯和南非最终都无法开采出足够的钯来应对需求，因为手机和汽车催化转化器都用到钯。商品钯是他喜欢运作的品种之一。

老虎基金成立以来就一直交易商品钯。据多位消息人士透露，老虎基金最初开始交易商品钯是罗伯逊的合伙人索普·麦肯锡建议的。尽管麦肯锡几年前离开了老虎基金，但商品钯的交易却延续了下来。之后的许多年，罗伯逊都让分析师继续研究商品钯。20世纪90年代中期，他把自己的成果公之于众。为了了解市场，罗伯逊和他的团队花费了大量的时间，不仅了解钯的实际用途和预期用途，还了解它是如何开采、形成和如何买卖的。为了理解市场，老虎基金向各方了解情况，从美国的牙医到日本的保险公司。公司团队甚至查看了全球矿山的地质图，以了解钯是怎么开采的、能用在哪些地方。

罗伯逊和他的分析师没有公开老虎基金持有多少商品钯仓位，但据一些前投资人和观察人士的估计，罗伯逊一度控制了钯近一年的产值。

罗伯逊之所以对商品钯如此感兴趣，是因为他的研究表明，由于法律法规的要求，有些公司必须大量采购，无论价格多高或多低。就拿汽车制造公司来说吧，汽车制造公司有大规模的生产线来制造汽车，其中包括使用钯来制造催化转化器。制造催化转化器的公司会遵守有关环境保护的规定，通常是超过标准，因为更换生产线是一项成本高昂的劳动密集型工作，可能会减慢生产速度。这也就是说，为了制造出汽车，无论钯的价格如何，汽车制造公司都必须购买。影响价格涨跌的因素可能需要两年的时间才会改变。由于罗伯逊和他的分析师了解买方和卖方市场、钯及其用途,他们的交易获得了可观的利润。

所以,在那个时候,钯仍然在罗伯逊的有利投资清单上。然而,他仍然对日本极为悲观。他大量做空日本的银行股。他认为,日本银行是世界上成本最高的生产商之一,每笔交易的成本非常"可怕"。他认为,作为一个整体,日本拥有世界上最糟糕的信贷经理。总体上,华尔街更乐观,他们认为日本银行业会反弹,就像美国银行业过去也反弹了。1995年,老虎基金的情况有所改善,扣除所有费用之后,投资人获得了16.0%的回报,而S&P 500指数和MSCI指数全年分别上涨了37.6%和20.75%。在20世纪90年代中期,对老虎基金及其投资人而言,罗伯逊的光环开始退去。

1996年4月,《商业周刊》封面故事标题为《巫师的陨落:朱利安·罗伯逊不再是华尔街最好的选股人,他的魔法不灵了吗?》,该文章把罗伯逊攻击得体无完肤。文章的作者还是盖瑞·维斯。文章提到,罗伯逊不再造访企业管理层,他暴躁的脾气也无法得以控制;因为资金过多,他无法选定投资标的,员工也很难跟他相处。这篇文章与六年前出现的那篇大不相同。六年前那篇文章让大众对老虎基金及其产品产生了极大的兴趣,罗伯逊认为这篇文章则可能会是火上浇油。以下是文章的摘录:

> 罗伯逊是对冲基金界的巨头——他神秘莫测;他经常用高杠杆运作私人投资合伙企业,这些企业是信托基金、捐赠

基金和百万富翁的储蓄罐。罗伯逊组建了华尔街最聪明、薪酬最高的选股团队。

在他的巅峰时期，如果要比选股的正确率，其他人不能望其项背。罗伯逊是华尔街的奇才，他也因此得到了丰厚的报酬。

但他却从神坛跌落了下来。这一切都始于1994年灾难性的第一季度。与1993年的惊人业绩相比，公司旗下基金在扣除费用前上涨了80％，而他运作的基金却下跌了9％。1993年向老虎基金注资的投资人开始撤资。1995年，随着越来越多的投资人流失，他勉强获得了17％的增长（扣除费用前），比S&P 500指数的增长低20个基准点。尽管罗伯逊的表现在1996年有所扭转，在1月攀升了17％，但他的收益却很快减少了几乎一半——而且这次扭转更像是下坡路上的颠簸。在3月8日那个恐怖的日子，老虎基金损失2亿美元，因为它将宝押在美国国债上，结果押错了。

……罗伯逊的强项是吸收、筛选大量信息。分析师为他提供想法和数据，然后他做出买卖决定——通常需要事先反复检验分析师的建议。然而，其他对冲基金运营商发现，基金不能像个体经营户那样经营，当基金成长到数十亿美元的规模时，尤其如此。对冲基金太庞大、太复杂——甚至比最大的共同基金还要复杂。一些大型对冲基金都将决策权下放，例如索罗斯的基金，还有里昂·列维和杰克·纳西运营的资金管理公司——"奥德赛伙伴"。索罗斯甚至让他的一位顶级分析师——伦敦宏观大师尼古拉斯·罗迪蒂——在他的指导下管理整个基金。在罗迪蒂的领导下,"配额"基金的价值在 1995 年翻了一番还多,远远超过了索罗斯的旗舰——"量子"基金。这种独立性在老虎基金闻所未闻。

规模大和中心化显然伤害了老虎基金。另一个负面因素是罗伯逊不断把选股工作推向幕后,因为老虎基金的主要业务变为对货币和债券的宏观押宝。他不再造访企业管理层。他一年到处旅行,但主要是将时间花在研究货币和利率趋势上。

维斯继续探讨老虎基金的运营及基金经理出了什么问题。文章称罗伯逊对股票缺乏兴趣,他不听分析师的建议,还无法留住员工;文章还探讨了一些可能影响他有效管理资金的能力的个人问题。

在简单介绍了罗伯逊在北卡罗来纳州的童年、他与父母的关系以及他劝阻他的孩子进入基金行业的建议之后,维斯总结道:

也许这样最好。但罗伯逊还有另一个家族——曾经辉煌的对冲基金帝国。这个由选股大师领导、有着大量杰出分析师的大家族,目前功能不济。如果它能良好运作,它将成为伟大的纪念碑——而不是象征着华尔街巫师的陨落。

这篇文章指出罗伯逊出了什么问题、老虎基金出了什么问题、对冲基金出了什么问题。很明显，维斯不仅接触了罗伯逊和他的一些高级经理，还接触了对冲基金综合体的内层。对于老虎基金的运作方式，维斯有内幕消息。维斯竟然能够深入了解老虎基金及其运营——对于罗伯逊和他的投资人来说，这种了解可能过度了。罗伯逊非常不喜欢这篇文章，他要求《商业周刊》把它撤下！

罗伯逊语气尖锐地向《商业周刊》投诉那些他认为不准确和半真半假的信息。他说，当他的投诉被置若罔闻时，他提起诉讼，向《商业周刊》的发行人麦格劳希尔、维斯和主编史提芬·B. 谢帕德索要高达数十亿美元的赔偿。

诉讼由他的律师于1997年9月12日向纽约州最高法院提起。他指控《商业周刊》发表了一篇关于罗伯逊和老虎基金的"包含错误的影射和有误导性的半真半假信息"的文章，"对他个人和作为商人的名誉进行嘲笑和诽谤"。罗伯逊要求获得5亿美元的惩罚性赔偿金，还有5亿美元的补偿性赔偿金，以弥补这篇文章给他和他的公司带来的伤害。

呈给法庭的材料详细说明了维斯如何写信给罗伯逊要求进行采访。维斯要求采访的信件被公开，部分内容摘录如下：

我今天跟您联系，是因为我需要您的帮助。我希望有机会再次与您和您的员工见面。

我怀着极大的兴趣关注着老虎基金过去几周内实现的

显著反弹。如您所知，今天《华尔街日报》上的一篇报道提到了这次反弹。我想在对您的业务保密的前提下，完整地讲述这个事件。

我意识到您对这种宣传很敏感。我向您保证，对于您批准的任何人员接触，我将维持最高的敏感度。如有机会与您讨论这个问题，我将感激不尽。

起诉书详细说明了原告的观点，即商业和金融媒体"为追求更高的发行量目标，已经开始发布小报式的、极具色彩的个性文章"，以吸引更多的读者。起诉书还说，被告以"耸人听闻的风格"发表这些故事的目标包括：（1）"提高和维护"出版物揭示"激进内幕"的声誉；（2）编辑和记者获得"职业认可"、更高的薪酬，以及"有机会获得利润丰厚的图书合同……为了实现这些目标，被告不断发表文章，旨在煽动而并非告知"。

接着就是双方在法庭上为自己辩护了。罗伯逊和他的律师称，《商业周刊》编造了负面评论，并"对事实的准确性毫不关心，以至于这篇文章中的虚假和诽谤性陈述都缺乏信息来源"，被告"选择将他们的诽谤言论和推论建立在身份不明的'消息来源'的基础上（如果他们真的存在的话，他们也只会匿名进行人物暗杀）"。

起诉书还详细说明了错误所在，并要求获得补偿性赔偿和惩罚性赔偿。

《商业周刊》逐字逐句对起诉书进行了回应。最重要的回应是对起诉书第 7 段中的指控的回应，该指控质疑维斯使用保密信息。被告"否认起诉书第 7 段中的指控，但承认他们是根据对保密信息来源的采访得出了文章中的某些陈述，并证实了文章总体标明了出处，而且是基于有公开来源的陈述，包括来自原告本人"。

除了这些陈述外，被告还列出了原告的请求必须被驳回的九大理由，其中包括宪法和法定的理由、公正评论权，以及无证据证明恶意、虚假和伤害的存在。

虽然罗伯逊话语强硬，但两个月内他就与该杂志达成了和解协议，并撤诉了。他没有从《商业周刊》获得任何赔偿。他在达成的协议中要求《商业周刊》的编辑承认报道中存在错误。

《商业周刊》承认它对老虎基金业绩的预测是错误的。作为和解的一部分，双方同意就文章中的一些问题保留意见。双方都可以宣布自己胜利了。以下内容摘自和解联合声明：

> 《商业周刊》承认，1996 年 4 月 1 日的封面故事中关于老虎基金业绩的预测与老虎基金随后的业绩并不吻合。扣除费用之前，1996 年的收益为 485%；截至 1997 年 12 月 11 日，收益为 67.1%。这些业绩远远超过了市场平均水平和其他领先的对冲基金的表现。
>
> 在文章中，《商业周刊》描述了老虎基金多年来一直有出色的回报，包括 1993 年扣除费用之前 80% 的收益。但在 1994 年和 1995 年，公司管理层的业绩却低于市场平均

水平。文章还说，老虎基金 1996 年初开始有所起色，但"这次扭转更像是下坡路上的颠簸"。《商业周刊》如今承认，在罗伯逊先生的管理下，老虎基金 1996 年和 1997 年的业绩，从任何角度来衡量，都是出色的。罗伯逊先生反对文章说他不再"造访企业管理层"，而且他一年到处旅行，但主要是将时间"花在研究货币和利率趋势上"。作为反驳，罗伯逊先生向《商业周刊》提供了一份清单，列举了在文章发布前一年内，他与三大洲超过 55 家企业的管理层举行的具体会议。这份清单显示罗伯逊先生在出国旅行期间，以及在纽约的办公室里，与企业管理层有过会议。获悉了这份清单，《商业周刊》承认：罗伯逊先生并没有停止与企业管理层会面。

从前面几段文字来看，是罗伯逊赢了，只是没有获得 10 亿美元的赔款。但联合声明的后半部分让事情变得有些模糊。声明指出，双方对《商业周刊》的某些报道内容仍持不同意见，即：罗伯逊在 1987 年股市崩盘时脾气恶劣，他还任意解雇员工。声明还特别引用了一名前员工的话，说罗伯逊下令解雇的是摩根士丹利的顾问，而不是老虎基金员工。

罗伯逊则坚持说这样的事从未发生过。另外，他说当时老虎基金的所有员工都特地告诉他的律师这样的事从未发生过。双方同意搁置此事，不再提。

在达成和解时，罗伯逊说《商业周刊》承认了错误，"将这篇文章扔进垃圾堆，适得其所。这些人，即使他们所说的东西明显没有事实根据，但他们依然刊印了这样的东西"。

2003年初，维斯说那次经历让他总感觉很不是滋味。他说："我别无选择，文章只能那样写。我只是做好我的工作，我对背叛或仇杀不感兴趣。难道不是吗？就在几年前，我还称他为世界上最优秀的投资人。"

"文章有些负面，他不高兴，这点我能理解。尽管文章发表后他确实有几年干得不错，但事实证明文章是正确的，他最终不得不关闭基金。"

《商业周刊》的主编谢帕德表示，因为和解了，所以他不愿再谈论罗伯逊或老虎基金。尽管如此，他确实说他相信这些故事可靠，并被证明是真实的。

他说："我们同意保留不同的意见。我真的不可以评论这篇文章、此次和解或所发生的事情，这是协议的一部分。但回想起来，这篇文章所述看起来比当时的实际情况更好。"

对老虎基金来说，1997年是它最成功的年份之一。似乎那一年什么事情都一帆风顺。业绩在年底涨了56%以上，而S&P 500指数和MSCI指数分别只涨了33.4%和15.8%。仅第四季度，老虎基金业绩就增长了30%以上。美国、日本和香港的股市贡献了丰厚利润，再加上公司的宏观交易，一共贡献了近三分之一的回报。

罗伯逊在1998年1月给投资人的信中写道："老虎基金的所有人都对这些结果感到满意。但是，大家仍要留意，我们在某些方面面临的波动性和风险高于一般水平。我们相信，这些投资潜力巨大，值得冒险；我们所创建的投资组合可以利用如此重大的机遇，并可以应对1998年的挑战。"

韩国的情况也令罗伯逊担忧。研究表明，韩国经济一塌糊涂，其国内利率上升、股市价值下跌，这并不是好的迹象。罗伯逊表示，"韩元疲软让已经疲软的印尼卢比雪上加霜"，并威胁到人民币。他认为"人民币大幅贬值可能会让世界更接近国际通货紧缩和20世纪30年代的那种萧条"。

罗伯逊对亚洲市场的担忧并没有妨碍他在信的结尾表现出积极的态度。他说："今年我们顺风顺水。我们可以得意，可以尽欢。但请接受我的建议，或许应该略散少金。这可能是一整年里你所做的最自私的事，因为这些钱会给你带来最大的快乐。"

1998年底，罗伯逊、他的家族和老虎基金员工成为老虎基金最大的单一投资人群体。他们的收益似乎总是最多，但他们的损失似乎并不那么明显。

那一年，罗伯逊又与媒体发生了冲突，这次的规模较小。这一次，媒体文章采用了不同的语气，更多地关注罗伯逊夫妇在社区中的工作。这篇报道出现在1998年9月29日的《纽约时报》上，标题为《捐赠数百万而损失数十亿》。文章的作者是伊丽莎白·布米勒，文章关注的是罗伯逊为妻子向林肯中心捐赠2 500万美元的事情。报道称，送出这份礼物之时，老虎基金因亚洲金融风暴而遭受重创。

当时，罗伯逊的妻子乔西身患癌症，他向林肯中心捐赠了这份非常可观的礼物。乔西·罗伯逊广场的揭幕仪式非常盛大，来自全美各地的亲朋好友都参加了。《纽约时报》杂志发表的文章，其论点为："这家伙损失 10 亿美元，怎么还有钱可捐赠？"罗伯逊回应说，那篇文章虽然"有其可爱之处"，但他和孩子们的善行被误解，他们都感到恼火和委屈。对于这篇文章，罗伯逊很长一段时间都耿耿于怀，但大约一年后，他写了一封道歉信给布米勒。我给布米勒发过数次短信，希望她能对这封信和那篇文章发表评论，但她均没有回应。

大约在同一时间，另一家媒体让罗伯逊感到恼火。这与老虎基金投资组合中的一家公司有关。老虎基金曾对一家公司进行了大量的投资，但后来发现这家公司董事会"那一堆人很糟糕"。因此，老虎基金让四名"自己人"进入董事会，以期整顿，并积极参与公司的管理。

罗伯逊以为这对美国的公司治理来说是一件好事，所以就把此事公开了。但是，这是一个严重的错误。他们原以为会有积极的报道，但几家媒体机构却报道称，老虎基金的一群年轻人如何赚了这么多钱，却赶走了年迈的总经理和他忠诚的高管团队。这段经历，再加上与《商业周刊》和《纽约时报》的纠纷，让罗伯逊明白了，当和媒体打交道时，他需要一些帮助。毕竟，处理第四产业不是他的强项。

20 世纪 90 年代初，老虎基金管理的资金有近 10 亿美元；到 1998 年底、1999 年初，其数目接近 220 亿美元。当时，它显然是世界上规模最大、最强大的对冲基金综合体。老虎，就是它的名字，正是罗伯逊创造和管理的猛兽。这头猛兽在华尔街丛林中艰难前行，在持续的竞争中一次又一次地击败所有相关指数的增长率。不幸的是，这一切即将改变。市场再次进入了"愚蠢的季节"，这一次，老虎无法在丛林里自由地漫步了。

月盈则亏

罗伯逊对快速赚钱或快速产生回报不是那么感兴趣，他更愿意等待利润慢慢到来。他认为，无论是投资股票还是宏观交易，最好的投资通常都需要很长的时间才能实现合理估值。

虽然罗伯逊相信价值投资，但他的投资人已经放弃了希望。他知道价值投资最终会带来回报，但他不知道回报什么时候会到来。随着越来越多的失败交易出现，投资人的耐心渐渐丧失了。

全球宏观投资是华尔街的术语之一，听起来吓人，其实它并没那么复杂。它的概念本身并不难理解，要成功地实施这个概念才是困难所在。全球宏观投资是一种对冲基金策略，适用于各种股票、固定收益、货币和期货市场的多头和空头仓位。决定持仓的主要基础是各国的整体经济和政治观点（即宏观经济原则）。如果投资经理认为美国正走向衰退，那么他可能会卖空有关美国主要指数或美元的股票和期货合约。但是，投资经理也可能看到日本的巨大增长所带来的机会，因而做多日本市场上的资产，包括股票、债券或其他金融工具。

在全球宏观投资中，获利的潜力是巨大的，因为可以用很少的资金来控制巨大的仓位从而进行大型交易。如果仓位正确，就可以获得可观的利润。然而，损失的风险也是相当大的。即使是对许多机构投资者而言，它们也很难理解为什么会有机构敢于冒如此大的风险，更不用说个人投资者了。在对冲基金领域，做多和做空之所以如此吸引人，是因为它们相对来说易于理解、易于营销、易于执行，且有交易记录可循。当阿尔弗雷德·温斯洛·琼斯提出有关对冲基金的想法时，他使用了多头/空头股票模型；而当前，业内的大多数"老人们"依然认为这是最干净、最简单的理财方式。如今，每年推出的多头/空头股票对冲基金的数量，超过了其他投资策略的总和。简单地说，其做法是：找到一揽子股票，例如，200只，然后做空其中的一半。投资经理认为，做多的股票价格会上涨，做空的股票价格会下跌；无论哪种方式，投资经理都能得到保护。

20世纪90年代，有大量资金涌入老虎基金。为了帮所有的资金找到合适的投资标的，罗伯逊的投资风格开始从单一的价值投资，慢慢演变为使用多种不同策略的全球宏观风格。罗伯逊很清楚，他必须与时俱进。随着公司分析师团队不断壮大，投资重点也从价值股转向成长股。对于罗伯逊来说，交易或投资属于策略的哪一个部分并不一定重要。重要的是投资是否合理,还有它是否能显著提高投资组合的收益。

当老虎基金的资金规模达到数十亿美元时,罗伯逊意识到,头寸的流动性将会是一个问题。老虎基金需要更多的投资理念来运作资金。罗伯逊和他的团队开始在全世界寻找被低估的股票、债券、货币和商品。像大多数大公司一样,老虎基金把网撒得更广,以期获得更佳的流动性。要找到能投钱的地方很难,例如,在亚洲,公司团队只能确定日本之外的10家公司是值得投资的。

从一开始,老虎基金就在随时评估其投资组合的有效性,团队人员一直很努力地在寻找最佳和最新鲜的投资方案。直到老虎基金关闭前的几天,这个投资团队都还在维持这样的做法。在老虎基金工作了很久的一位员工说:"我们进入公司的每一天,都是一个全新的投资组合。他对我说,如果你对某件事情有坚定的信心,那你就应该努力去实现它。如果你相信它,无论如何你都必须去做。"

诚然,每一天都是全新的一天,但罗伯逊是一名极其激进的投资者。一旦他决定了某个仓位,他就会"像大嘴鲈鱼咬住鱼饵一样"不停地往前冲。《福布斯》杂志的一篇文章称,罗伯逊"没有自欺欺人,也没有以任何方式试图把他的仓位合理化"。他很明白自己持股的原因。他也很明白,如果让他建仓的说法发生了变化,那就是该退出的时候了。在同一文章中,著名经济学家、转型成为对冲基金经理的巴顿·比格斯表示,罗伯逊在筛选大量信息以做出投资决策方面,品位"很高"。

为了能随时掌握投资组合及其在全球的持股，罗伯逊建立了一家可以全天候运营的公司。他知道，在华尔街要保守一个秘密很难，所以他需要确保一旦公司找到一个投资想法，必须守得住秘密。交易员能够在全球每个主要市场高效、秘密地执行投资决策，这得归功于衡尼和戴维·桑德斯等人的努力，他们知道如何让经纪人保守秘密、如何不理会市场的状况而坚决执行订单。

管控风险是老虎基金成功的一个重要方面，也是投资选择过程中不可或缺的一部分。建仓之前，罗伯逊必定花大量的时间来了解交易的风险，还有投资组合可能面临的风险等。

罗伯逊在跟我见面的时候说，只有当老虎基金的分析师检验了风险，并非常明确地决定值得承担风险之后，他才会在投资组合里建仓。他认为，投资选择过程的目的永远都应该是确定某个投资标的出错的可能性或成本（即风险）相对于收益要小。

他还认为，虽然这些仓位是一个一个建立起来的，但每个仓位都会对投资组合产生影响。为了更好地了解这些风险，老虎基金使用了多种工具，包括实时损益报告、流动性压力测试，以及每日风险敞口和业绩报告系统等。这些分析让罗伯逊和他的高级管理团队能够理解并讨论有关投资组合的表现和风险的所有重要层面。

除了这些分析工具，老虎基金还使用了较为传统的保护措施来最大限度地减少损失。在所有领域，他们都有一套严格的控制措施，包括前后台明确分离、一系列内外审计，以防止"操作风险"。

罗伯逊告诉投资人，公司的文化是由投资人的投资回报所驱动的。他本人、他的员工，还有他的家人，在公司基金中的投资份额、他们的报酬、他们的职业自豪感和他们的声誉——所有这些都取决于他们为投资人创造的财富。因此，风险管控在整个公司中是第一优先事项。虽说一笔交易的失败不会拖垮公司，但一笔交易的成功也不会让公司吃成个胖子。

很多人都熟悉索罗斯是如何成为有史以来最优秀的投资人的。那是源于他击垮英格兰银行的交易。他的交易震惊了世界，同时也使对冲基金永远成为金融市场陷入困境后背黑锅的一方。

英格兰银行成立于1990年。当时，英国决定加入新的西欧货币体系。罗伯特·斯莱特在为索罗斯写的传记——《索罗斯：世界上最优秀投资人的生平、时代和交易秘密》中透露，当时索罗斯认为这对英国不利。索罗斯观察到，英国的经济不仅不如新统一的德国那样强劲，而且会受德国经济的制约。

根据欧洲货币协议，英国将维持2.95英镑兑1德国马克的汇率。随着英国经济形势不断恶化，英镑面临越来越大的压力，但欧洲货币协议对英国而言却是很大的束缚。1992年夏天，由约翰·梅杰任首相的保守党政府向全世界保证：英镑会复苏，绝对不会贬值，不会破坏协议。

斯莱特写道，索罗斯认为当时英国的经济形势比政府承认的要糟糕得多。到了9月中旬，意大利面临巨大的经济压力，让其货币里拉贬值了。尽管意大利是在协议的指导方针规定下让其货币贬值的,但它破坏了货币体系的支柱。此举也引发了一项交易,使索罗斯成为有史以来最著名的对冲基金经理。

1992年9月15日,梅杰政府宣布英国退出欧洲利率机制,并使英镑贬值。这一消息震动了全球货币市场。当大多数交易员争先恐后地止损之时,有一位对冲基金经理笑到了最后。索罗斯和他的对冲基金团队卖出了100亿美元的英镑,获利近10亿美元。这笔交易之所以成为头条新闻,不仅是因为其规模之大、利润之丰厚,还因为它被视为一个人单枪匹马完成了这笔交易。

消息一出,金融界和政界对索罗斯和他的基金,或任何对冲基金,都刮目相看。大家抢着要加入对冲基金,每个人都想攀上一位能够点石成金的基金经理。

很多人之前都听说过对冲基金,有些人还算是了解对冲基金经理所做的事情,但没有人知道对冲基金经理能够在一笔交易中赚那么多钱。有人愿意拿这么多钱来冒险,并对自己的能力如此自信,这是艺高人胆大的写照——这也是很少有人能够理解的。

杠杆和仓位规模在老虎基金的日常投资策略中发挥了重要作用,多元化也是公司整体投资方法中的"关键要素"。随着老虎基金对全球宏观策略的运用越来越频繁,公司出现了重大的人事问题。

在老虎基金运作期间,投资涉及约25个国家和许多行业的市场，做多、做空都有。只要有盈利潜力，没有什么金融产品是老虎基金不考虑的。多年来，老虎基金约有一半的股票投资发生在美国境外，他们充分利用了定价效率低下的优势。按照华尔街的说法，那是他们看到了其他投资者没有看到的好机会。

为了从货币和固定收益市场获利，老虎基金使用了与在股票市场相同的基本方法。在货币方面，他们研究的重点是国家经济学，而不是企业经济学。

老虎基金的宏观分析师和股票分析师之间关系密切、相互支持。通常，宏观分析团队的观点会补充对股票投资中个股的研究。同样，股票分析师提供的信息也经常用于支持宏观投资决策。然而，实际情况证明这样会出问题。这是因为，在通常情况下，宏观交易需要使用的资本要少得多，但比直接做多或做空股票带来的利润要高得多。

有位前分析师说，问题的出现是因为他们竭尽全力为投资组合寻找最佳和最有利的方法，看是否能找到能够在一年内增长20%、30%，甚至50%～100%的股票。而在交易台上坐在他们旁边的那个人却说，要进行货币交易或债券交易，因为它使用的资本要少得多，还可能在一天或一周内获得20%或30%的收益。这样的交易和利润让很多人感到不高兴，尤其是在发奖金的时候，因为罗伯逊发放给分析师的奖金是基于其对投资组合整体表现的贡献。

罗伯逊很喜欢成为全球宏观交易者这样的想法，因为这给他带来双重好处：（1）他用较少的资本获得可观的回报；

（2）他与索罗斯在相同的市场进行交易，他可以获得同行更多的尊重。一位前同事说："人们敬畏全球宏观交易者。在20世纪80—90年代，人们敬畏索罗斯。罗伯逊也是如此，他也希望人们敬畏他。全球宏观交易是他正在创建的帝国的自然延伸。这是个自然的发展过程，无论是从实际的业绩表现来看，还是从关注华尔街的人的感知角度来看，都是如此。"

从1990年到1998年，宏观投资为老虎基金提供了近25%的平均回报。罗伯逊认为，这样的策略提升了原本以股票为主的投资组合的多元化水平，更重要的是，这让他能以很少的交易努力或根本不用付出交易努力，就投入大量资金进行运作。

然而，罗伯逊对快速赚钱或快速产生回报不是那么感兴趣，他更愿意等待利润慢慢到来。他认为，无论是投资股票还是宏观交易，最好的投资通常都需要很长的时间才能实现合理估值。他一直都知道，无论是他本人还是为他工作的任何人，都没有那种特殊能力，无法预测市场或价格变动的时机或模式。因此，老虎基金的人进行的交易和投资往往时间跨度较大（通常以年为单位），而罗伯逊愿意等待潜力的最终浮现。

随着老虎基金的发展以及投资组合资产开始飙升到数十亿美元，可以越来越明显地看到，全球宏观投资将在老虎基金维持业绩和寻求提供流动性方面发挥越来越大的作用。

对冲基金行业专家亨特·泰勒表示："在股票投资方面，规模确实很重要，而且，滑点因素有时也会发挥作用。然而，由于市场规模和流动性的原因，在进行货币、固定收益甚至大宗商品交易时，规模几乎不是问题。在投资领域的这些方面总是有很多事情可以做。"

为了实施一项成功的全球宏观策略，罗伯逊需要依赖不断壮大的团队，他经常称他们是华尔街"最聪明的人"。他的团队有着和他一样的竞争精神，很享受在老虎基金工作时的活力，也很享受做出投资决策和分配资金时候的能量。这并不是个简单的过程。一旦分析师推荐了一项投资，罗伯逊和投资团队的其他成员就会对其进行进一步的讨论与审核，甚至会到吹毛求疵的地步。

罗伯逊也以严格且规范的方法对投资建议进行质疑，几乎到了严苛的地步。老虎基金依赖大量的研究和信念进行投资选择，过程很残酷，因为归根结底，罗伯逊和他的团队都明白，想法才是公司的竞争优势所在。因此，竞争压力是选择最佳投资想法并将其纳入老虎基金投资组合的关键因素。

多年来，外界关于罗伯逊的脾气谈了很多，但他对为他工作的人的赞扬似乎少有人谈起。对于那些他认为提升了公司业绩的人，他总是乐于赞扬，虽然最终的决策都是由他来做出。在每周五的午餐会议上、每天的工作时间里，在公开场合和面对媒体时，罗伯逊还是会隔三岔五地发发脾气；但对于那些帮助他巩固和维持老虎基金的成功的人，他总是立刻进行表扬。

简言之，罗伯逊希望每个人都知道，他始终是这艘船的掌舵人。但他也明确表示，他在机舱和甲板上配备了合适的人员，以确保船能够笔直向前航行并且可经受住风暴。在 20 世纪 90

年代后期,确保这一信息响亮而清晰地传达,比以往任何时候都更加重要。

1997年6月,当泰国政府决定不再支撑其货币,并让市场力量接管之后,老虎基金获得了胜利。几乎在一夜之间,泰铢下跌了18%,这对一直做空泰铢的老虎基金来说意味着巨额利润。整个夏天,泰铢继续下跌,到8月初,它下跌了近30%。罗伯逊和他的团队发了大财。这笔交易实现了老虎基金历史上的最佳绝对业绩。

在1997年的鼎盛时期,老虎基金的业绩上涨了70%以上,而S&P 500指数和MSCI指数分别只上涨了33.4%和15.8%。1997年的最后一个季度,老虎基金的业绩上涨了30.2%,每个投资类别都对业绩有所贡献。利润很大部分来自投资美国、日本和香港市场的股票。同一季度,以货币交易为主导的宏观投资仓位贡献了投资组合回报的近三分之一。

1998年对罗伯逊和他的团队来说开局不错。但到了春末夏初,老虎基金开始受到严重的打击。在过去,老虎基金能够承受打击并恢复生机;然而,这一次不同。这一次,他们在美元/日元交易中受到的是对头部和身体的双重打击。当交易开始对他们不利时,老虎基金就遭受了重大损失。罗伯逊认为,当其他对冲基金和机构投资者意识到自身已陷入困境,并开始对老虎基金进行挤压时,老虎基金受到的打击更多。他认为,人们知道老虎基金被日元交易所困,很可能会有赎回的行为,因此其他基金开始向老虎基金"开枪"。罗伯逊认为老虎基金是这次交易规模的受害者——它在日元交易中犯了一个错误，其他对冲基金经理闻到了血腥味。当有关他们的仓位或交易意图的消息传出时，老虎基金的交易员和分析师很不高兴。他们只能坐等观望，非常难熬；其他基金则能够快速地买进卖出。有时候，他们只能眼睁睁地看着交易机会从他们眼前溜走，因为老虎基金这台机器太大，不够灵活。

许多人说，罗伯逊的成功源于他能够跳出条条框框、大刀阔斧地思考，而不是只根据事情表面的现状来做出应对。关于投资，大多数人遵循一个原则——"黑匣子"原则。它能产生的结果是这个，预期产生的结果是那个。于是，投资人只需要简单地遵循"黑匣子"原则就可以了。但罗伯逊的技能在于他知道股市不是这样运作的，他能够利用其他人的这些误解来为自己谋取利益。

到了1998年，老虎基金在纽约、伦敦和东京的办事处拥有210多名员工，其中50名是投资专业人士。交易员有15人，他们在位于公园大道101号的纽约办事处工作。此时，在成立18年之后，原始的老虎基金的年均复合回报率（扣除所有费用）超过了29%。相比之下，S&P 500指数涨了17.9%，MSCI指数涨了14.7%。根据记录，在1998年12月31日当天，在老虎基金成立之初投资的1美元，此时值117美元；而同期投资S&P 500指数和MSCI指数的，1美元此时分别仅值22美元和13美元。

在管理老虎基金期间，罗伯逊在任何时候都对许多不同的公司有非常深入的了解，普通人的大脑通常无法承受这么多的信息。据说，他对美国、欧洲或亚洲公司信息的掌控能力令人难以置信。许多员工在为他工作时也都试图培养这项技能，但很少有人能够成功复制。

因为罗伯逊对市场太过了解，所以他喜欢在其他人看不到的地方寻找价值。任何人都可以拿起《商业周刊》，然后决定做多沃尔玛、做空其竞争对手。但对老虎基金来说，这样的剧本真的很无聊，而且是彻头彻尾的那种。罗伯逊正在寻找出人意料的玩法——待雕琢的璞玉。

出于这个原因，他到处寻找各类信息。在给投资人的一封信中，他评论说，最近有人提醒他，"多与聪明人聊聊，大有好处"。当时，他的一位经纪人坚持要他与一家大型金融机构的首席执行官和财务官会面。虽然最初的会面并没有让他非常兴奋，但结果却是有利可图并且非常值得。相关内容可见他1989年5月9日给投资人写的信，以下是摘录的一部分：

> 由于种种偏见，我们真的不想去见这些人，但出于无奈还是见了他们，因为对于他们可能进行的收购，我们有一些想法，这对我们也有帮助。其实，我们是希望向他们兜售一些东西。
>
> 当我们进行营销介绍的时候，我们的客户耐心地等待，然后他们也做了介绍。他们的介绍精彩极了！于是，我们立即开始对该公司大量建仓，尽管我们在价格失控之前只

建成了部分仓位,但这是迄今为止我们很了不起的投资之一。所得的经验——跟有头脑的人谈话,绝对有好处。

约翰·格里芬说,他发现罗伯逊给股东们写的信内容非常丰富,他会定期阅读这些信件,希望能够增强自己的洞察力,并获得指导。罗伯逊不仅向读者介绍了老虎基金目前的表现,还向他们发表了政治评论。他还阐述了他对爱达荷州太阳谷和科罗拉多州阿斯彭等地的深入看法、购买美国产品的重要性,以及日本在全球经济中的作用。他把南方人的魅力和华尔街智慧都融入他的信和评论。

罗伯逊不断增强老虎基金分析团队的实力,成长股也成为一项非常好的投资。如果分析师对增长的判断是正确的,那么成长股的表现将非常出色。这些股票可能会有一两年的不景气,但如果它们是真正的成长股,那么它们会随着时间的推移而继续成长。这种投资策略在 20 世纪 90 年代的大部分时间里都运作良好。但在 1998 年和 1999 年,情况对老虎基金不那么有利。

随着牛市闹哄哄地推进,随着科技泡沫不断地膨胀,越来越明显的是,高价值"旧经济"股票的表现不如科技宠儿。而且,大家放弃了吉列、可口可乐和通用汽车等老牌公司,大量热钱正在注入网景、美国在线和思科。这些没有盈利的新奇公司的股价在一夜之间翻了三四倍,而拥有稳健盈利的优秀稳健公司却遭受巨大打击。

在 20 世纪 90 年代后期,投资人很少或根本不关心一家公司是做什么的、前景如何，或有谁参与了公司业务。只要跟互联网沾上边，这公司就是热门公司。一本优秀的商业刊物这样描写价值股和成长股投资经理的消亡："互联网没有让他们变得富有，而是让他们变得卑微。"这句话用于描述老虎基金的管理层，那就再正确不过了。

很明显，在 1999 年，罗伯逊也变得卑微了。过去行之有效的方法在如今科技股刺激的牛市中似乎不再奏效。虽然老虎基金持有英特尔、朗讯、摩托罗拉和微软这样的公司的股票，但也无法为投资人赢得巨额回报。老虎基金的末日似乎已近在咫尺，但在 1999 年年底的时候到底有多近，除了罗伯逊，似乎无人知晓。

老虎基金及其分析师被一系列不良投资所困。应该涨的东西跌了，应该跌的东西却在涨。对冲基金在市场上表现不佳。在此期间，即使是老虎基金最忠诚的投资人，也渐渐失去耐心。似乎连猴子扔一枚飞镖都可以射中好股票，获得好的投资回报，而老虎基金却在节节败退。此时的投资人发现在极短时间内就可以获得可观的回报，他们才不愿意花漫长的时间去等待稳健的回报。

20 世纪 90 年代后期，全球股市非常狂热。大家正在买入 eToys Inc. 这样的公司的股票，上市当天开盘价为 20.00 美元，收盘价为 76.56 美元；大家还在买入 Free Markets Inc. 这样的公司的股票，上市当天开盘价为 48.00 美元，收盘价为 280.00 美元。投资有了全新的诠释。很多人辞职成为交易员。尽管这些互联网公司没有资产，客户很少，收入也很少，但它们的IPO却极其成功。CNBC的人也都开始变得小有名气，因为各行各业的人都打开电视，想听一听尼尔·卡夫托、吉姆·克莱默和《交易对讲机》节目上的人聊一聊如何选股。互联网泡沫似乎不会破灭，无论公司、管理层或赚钱能力如何，这些股票似乎涨个不停。如果你没能一夜之间在股市发大财，那你就是个笨蛋！如果出租车司机或卖热狗的小贩都可以投资股票发财，有史以来最伟大的投资公司之一不更应该发财吗？

公司旗下"虎猫"基金的投资人拉米·特里特说："一方面，罗伯逊是有史以来最优秀的投资人之一，他在投资方面的经验和专业知识几乎比任何人都多，但他目前做的事情却好像都错了。真让人匪夷所思。似乎无论他怎么努力，结果都是错的。"

科技股的狂热始终让人摸不着头脑。罗伯逊交易不成功，分析师找不到好的投资机会，就连该涨的股票都跌了，该摘牌甚至不该上市的股票却都涨了。股市就像狂野的西部牛仔片。每个人都知道剧中会有一个好人和一个坏人，还会有令人兴奋的情节——只是，目前谁都不知道谁会唱黑脸、谁会唱白脸。

1999年发生股灾之后，老虎基金下跌了19%以上。老虎基金在2000年初即将灭亡的消息在华尔街并没有让人感到惊讶。在正式宣布之前那几个星期，许多人都预测老虎基金和罗伯逊要完蛋了，这头生病的野兽将面临被处死的结局。科技股的狂热已沉重打击了价值投资策略师，各种类型和规模的投资人都已经受够了。投资对冲基金的原因是能够在顺境和逆境中都获利。此时，投资老虎基金却并非如此。

在千禧年到来之前的几个月里，罗伯逊和他最信任的一些顾问花了大量时间，去寻找可以帮助他拯救公司的战略合作伙伴。他们想着，要么由更大、更传统的投资机构来收购，要么跟其他对冲基金公司合并。罗伯逊和他的团队非常努力地工作，因为他们不想让公司倒闭，也不想让"老虎"这头野兽被处死。他与传统投资公司和一些对冲基金公司进行了多次沟通，但最终未能达成交易。早在前几年，罗伯逊就曾考虑出售老虎基金，但因为价格不合适而拒绝了一些顶级投资管理机构的报价。现在，不是价格的问题。罗伯逊希望他的投资人能够得到善待。起初，传统和另类资产管理领域的一些最受尊敬的公司曾向罗伯逊提出许多建议，但罗伯逊认为，这些公司唯一感兴趣的是老虎基金的品牌或特许权价值——他们没有兴趣按照他的方式来正确行事。

据悉，在1999年夏秋甚至2000年初，罗伯逊曾多次几乎达成交易。归根结底，问题在于他想确保他的投资人得到善待，但似乎没有买家愿意提供这种保证。罗伯逊无法接受这样的交易。毕竟，有些投资人从一开始就和他站在一起，在顺境和逆境中都力挺他、忠于他。他在投资中获得的成功，远超过他的期待。他可以这样说：此时，我在这个年龄，我的孩子在他们这个年龄，我的妻子在她这个年龄，我们拥有的财富比我们想象的要多得多。我们随时可以转身就走人。但是，如果没有投资人过去的支持,我们一无所有。关心他们,是我的责任。

到了 2000 年 3 月,随着纳斯达克指数冲向 5 000 点的高水平,罗伯逊决定关闭老虎基金,这比出售更好。不能让老虎基金再这样继续垮下去了。作为对冲基金公司的老虎基金,它的时代已经落幕。疼痛已经不堪忍受,罗伯逊不想继续在这个他不了解的市场中继续寻找回报。

对于老虎基金交易台上的许多人来说,似乎怎么做都不对。团队长期努力寻找挽救投资组合和扭转交易的方法,但不知为何,他们无力回天。老虎基金这台盈利机器已经失灵。该停下来了。

罗伯逊 2000 年 3 月 30 日给投资人写信,他解释,自 1998 年 8 月以来,公司一路"跌跌撞撞",投资人"用他们的钱包投了强烈的反对票",导致他决定关闭所有基金。在 19 个月的时间里,投资人从这些基金中撤资超过 77 亿美元,占公司资产的三分之一以上。这是一个明显的迹象:投资人对罗伯逊和老虎基金失去了信心。

在这封信中,他说,公司所崇尚的价值投资策略已无用武之地。再加上投资人大量撤资,给公司及员工带来了巨大的压力。压力如此巨大,他决定放手,关闭基金,并将剩余的资产返还给投资人。

过去,公司也有过艰难的时刻,但都挺过来了。这一回的不同点在于,罗伯逊看不到笼罩市场的狂热气氛何时会消散。艾伦·格林斯潘在 20 世纪 90 年代后期就警告过的"非理性繁荣"笼罩市场太久了。罗伯逊已经无法驾驭全球市场并利用它们谋取利润。他知道事态最终会发生变化，最终，他寻求利润的方法会再度流行，但此刻他看不到牛市的终点。他相信他不再能为投资人提供任何价值，这意味着他需要退出游戏。他再也无能为力，只能卷起铺盖回家。他不知道，就在他写这封信的时候，股市狂热之潮开始结束。

他说：

> 人们通常认为，无论短期市场表现如何，现金回报率在15%至25%之间的股票都是很好的投资。"结束"意味着投资人开始整体抛开高投机性股票的惯性和潜在短期收益，而转向那些历史上回报率高，但目前失宠的股票。

罗伯逊决定退出时，老虎基金已经发展到18年前原始规模的2 500多倍，所管理的资产已从880万美元增长到近250亿美元。老虎基金在运营期间给投资人带来的复合回报率（扣除所有费用）为31.7%。

罗伯逊认为，老虎基金的成功在于他的团队"信念坚定，只买入最好的股票，做空最差的股票"。然而，既然市场"非理性"，这种信念似乎就不再适用了。他说："在一个理性的环境中，我们的策略运作良好。但是，正如我们所知，在一个非理性的市场里，这种逻辑并不重要；收益和对价在鼠标和惯性面前，只处于次要的地位。"

罗伯逊将当时的市场环境比作注定要毁灭的"金字塔式的传销"。他和巴菲特一样，都相信科技股的狂热是所有投资错误的根源。这和早年间的荷兰郁金香热一样，唯一的区别是，现在是鼠标和字符的世界。

他在给投资人的信中还写道：

> 当前，投资人、基金经理甚至金融买家的业绩需求推动了技术、互联网和电信热潮，这正在不知不觉中创造一个注定要崩溃的庞氏金字塔。然而，在当前环境下，产生短期业绩的唯一策略就是购买这些股票。这项策略使投资过程得以自我延续，直到这个金字塔最终因自身膨胀过度而崩塌。

历史证明罗伯逊是正确的——他关于投资、市场，尤其是纳斯达克的理论和信念很快就被证明是正确的。在他决定关闭老虎基金数周和数月后，科技股崩盘，许多投资人蒙受了重大的损失。市场开始长期下跌。由于技术的问题，纳斯达克指数在接下来的几周、几个月甚至几年里，跌至惨不忍睹的水平。这场大屠杀最终导致市场各个领域蒙受损失，导致各种类型和规模的投资人陷入困境。这次动荡始于2000年的春季，在2004年夏季撰写本书时，都还没有完全结束。尽管2004年第二季度出现了显著反弹，但这只是战后乐观情绪暂时笼罩了市场而已。纳斯达克在不到三年的时间里市值缩水了近80%；道琼斯工业平均指数在 2000 年 1 月创下 11 722 点的历史新高，2003 年收于 10 453 点，并在 2004 年 6 月初跌至 10 188 点。

随着市场开始崩溃，罗伯逊预测科技热潮将要结束。他相信价值投资会重新流行，成为主流。罗伯逊以前也见过这样的股市狂热。他仍然相信，尽管目前不受欢迎，但价值投资仍然是最好的选择。他知道，某些普通的旧经济股票的回报实在太高，不容忽视。毕竟，这不是他在传奇的职业生涯中第一次遇到价值股遭遇打击。早在 20 世纪 70 年代初期和中期、1980 年初和 1981 年，他和许多优秀的价值投资人所遭受的损失，就与此时的情况相似。罗伯逊相信，历史的车轮不断滚动，一切都会变好，价值投资会回归主流。

虽然罗伯逊相信价值投资，但他的投资人已经放弃了希望。他知道价值投资最终会带来回报，但他不知道回报什么时候会到来。随着越来越多的失败交易出现，投资人的耐心渐渐丧失了。因此，他写道，他决定申请清算，并将资本返还给投资人。在信的最后，他感谢投资人多年来对他和他的员工的支持。

对他来说，到目前为止，运营老虎基金让他感觉最好的是，有机会与一群独特的员工和投资人密切合作。"无论是好时光还是坏时光，无论是胜利还是失败，对于每一分钟，我都代表自己、代表过去的和现在的所有员工，从心底里感谢你们。"

这些告别的话语昭示着：曾是世界上最大的对冲基金之一的老虎基金的时代结束了。同样结束的还有代表老虎基金头脑、心脏和灵魂的人——朱利安·罗伯逊的时代。

媒体绞杀老虎

大多数投资者可以观察罗伯逊如何驾驭市场，并从中学到很多东西。优秀的投资者通常是那些坚持成功的风格的人，即使这样的风格可能对他们无效。罗伯逊顽固地坚持自己的风格，时间将证明他是正确的。

老虎基金宣布清算的那一天，新闻媒体做足了报道。在随后的解散中，亦是如此。世界各地的媒体都报道了这个事情。这显然是对冲基金时代的结束。老虎基金清算的影响遍及全球。

对冲基金行业的追随者似乎达成一致的认识：对冲基金行业再也不可能出现一支单独的力量能够像罗伯逊那样厉害。当然，会有优秀的管理公司出现，但在你我有生之年，可能没有人能够建立一个组织或培养那么多成功的资金管理经理。罗伯逊有不可思议的能力，可以发现并重用人才。从老虎基金出来并创立对冲基金的人的数量也清清楚楚地说明了这一点。

如果我们要了解出了什么问题，就需要看看世纪之交全球债务和股票市场的状况。1999年，纳斯达克综合指数上涨了80%以上，老虎基金的业绩下跌了近18%。2000年第一季度，业绩又下降了13%。随着损失不断增加，投资人信心丧失，他们开始撤资。到2000年3月季度末，老虎基金的资产已从1998年8月的近250亿美元下降到不足80亿美元。大众普遍认为，老虎基金倒闭的原因是它无法实施价值投资策略。

南卫理公会大学考克斯学院财务系主任马克·雷因加努姆在评论老虎基金的灭亡时表示，老虎基金最近投资的公司类型可以说是价值公司，从传统估值指标来看，是不错的对象。问题在于，这些公司过去几年的市场表现与成长型公司的表现相比，非常糟糕。价值投资并非主流。

在华尔街的这个独特时期，受创的并不只是罗伯逊和老虎基金。同病相怜的人很多。许多其他价值投资者，包括巴菲特，投资组合的业绩也一落千丈。巴菲特的公司伯克希尔·哈撒韦的股票在1999年下跌了近32%，因为他继续投资能为投资人提供真正利润的公司，而不仅仅是希望通过互联网或新技术来获得成功。

让罗伯逊忧心忡忡的不仅仅是股市。他的全球宏观交易业绩也不理想。由于俄罗斯债务危机和长期资本管理公司濒临倒闭，市场崩溃，老虎基金一败涂地。老虎基金的日元交易尤其糟糕，在1998年10月损失18%，仅这一项交易就导致老虎基金这一年损失4%。

当然，1999年的情况更糟。老虎基金业绩下跌了19%，落后于S&P 500指数40%。在过去的18个月中，老虎基金总共损失了43%，而S&P 500指数上涨了35%。似乎一切对老虎基金都无效了。

彼得·西里斯2000年4月在《纽约每日新闻》上写了一篇文章，将罗伯逊比作优秀的运动员，指出一旦运动员的技能退步，或只是厌倦了比赛，他们就会退役。

西里斯写道，罗伯逊突然不行了有两种可能。一种可能是，他和许多运动员一样，他太老了，不适合该项目了。正如"明星投手快球失速，或是杰出的老溜冰运动员无法完成勾手三周跳"。另一种可能是，罗伯逊仍然是优秀的投资者，但他的风格暂时不起作用。西里斯写道："虽然他确实经历了一个艰难的时期，但优秀的投资者不会突然没招。"西里斯称罗伯逊是对冲基金经理中的迈克尔·乔丹，还表示他相信几乎没有人有更严谨的风格或更好的业绩。他将罗伯逊的失手和1999年秋季纽约喷气机队每场比赛都输相提并论。球迷们知道比尔·帕赛尔斯是好教练，也知道教练只是最近不断输掉比赛而已。

然而，股市并不像橄榄球比赛的进攻码数那样容易掌控。当股市新手追逐新兴技术股和生物技术股时，罗伯逊仍坚持他的游戏规则，并找寻那些被低估的旧经济股票。不幸的是，本赛季不比这一项。

西里斯跟其他许多对老虎基金的挫败津津乐道的记者不同，他认为，这只是非常顺利的职业道路上的一个坎坷，投资者和评论家应该如此看待。他认为，大多数投资者可以观察罗伯逊如何驾驭市场，并从中学到很多东西。优秀的投资者通常是那些坚持成功的风格的人，即使这样的风格可能对他们无效。罗伯逊顽固地坚持自己的风格，时间将证明他是正确的。

虽然许多人认为罗伯逊是市场的受害者，但不少记者和投资者认为，老虎基金的终结背后另有原委。维斯又在《商业周刊》中描绘了老虎基金如何消亡的另一个故事。维斯的文章名为《是什么真正杀死了老虎》，其中他写道：投资人不断撤资，老虎基金不得不清算其投资组合以满足投资人的撤资要求。维斯表示，想要撤资的投资人太多，令人难以置信，而不是市场力量迫使罗伯逊关闭老虎基金并将剩下的资本返还给投资人。

根据维斯的文章，罗伯逊在经历了几个月的痛苦之后仍然没有关闭他的基金，因为他对非理性的市场感到不安。他被迫关闭老虎基金，是因为老虎基金最大的组成部分——美洲豹基金——实际上是被投资人强制停业，因为是他们做出了撤资这一"非常理性"的决定。美洲豹基金是老虎基金的离岸基金之一，向合规的美国免税投资者和非美国投资者开放。

维斯的报道是基于《商业周刊》获得的一系列文件，而这些文件的来源很有可能是老虎基金的投资人或投资人的代表。寄给投资人的这些文件表明，美洲豹基金客户的撤资规模如此之大，该基金只能将已发行股票的数量减少到授权数量的20％以下，而根据该基金的发行备忘录，这将导致自动清算。尽管老虎基金的发言人表示,公司本可以回购股票,但根据所获得的文件,维斯认为,美洲豹的手脚已经"被缚",极需资金以满足需求。

但有人对维斯的文章有所质疑。如果他对美洲豹基金问题的判断是对的,为什么罗伯逊不直接关闭美洲豹基金,让其他基金继续运作呢?根据维斯和一些投资人的说法,问题在于,罗伯逊所有的基金都互相关联,如果不关闭所有基金,就无法对美洲豹基金进行清算。维斯写道:

> 这就是朱利安·罗伯逊在全球市场最后几天所面临的严酷现实。20世纪80年代和90年代初华尔街最好的投资基金就这样落幕了。可悲,甚至有些可耻。

即便是在2003年年初,维斯说他依然坚持这篇报道,他相信里面描述的事实仍然站得住脚。一些投资人也在谈话中回应了他的评论。罗伯逊似乎陷入了困境,唯一的方法就是摆脱一切,因为投资人的撤资对资金的需求太大。罗伯逊和老虎基金的发言人都不对此发表评论——两人都只引用了关于公司倒闭的投资人信函内容和新闻报道。简言之,他们已经做出了解释,他们坚持公司的说法。

但维斯并不是只做了这篇报道,他更进一步地阐述了老虎基金和罗伯逊失败的原因。在《商业周刊》同一期中,他还有另一篇关于这个主题的评论,标题为《最终原因在于朱利安·

罗伯逊，而不是市场》。

维斯写道，老虎基金衰亡的真正原因不是罗伯逊无法管理非理性市场，而是他无法控制投资人的撤资。在维斯看来，非理性市场的解释是虚张声势——"一场努力挽回声誉的救援活动"，是罗伯逊应对面临的来自投资人的信任危机的措施。

他还写道：

> 罗伯逊的解决方案是瞒天过海的妙招，媒体基本上是照单全收。作为一项公共关系策略，它取得了令人眼花缭乱的成功。罗伯逊的说法非常有说服力，但这位被吹捧上天的投资大师垮台的解释令人满意吗？

维斯竭尽全力地阐述他的观点——罗伯逊真的是在努力应对撤资的困境，而不仅仅是市场。尽管许多媒体纯粹主义人士可能认为，同一刊物同时发表同一作者的多篇新闻报道和评论，这很奇怪，但在《商业周刊》，这却是司空见惯。许多人认为，维斯对所发生的事情的描述看起来像是在报复，源于罗伯逊对维斯和《商业周刊》的数十亿美元的赔偿要求。维斯对老虎基金面临的问题的解释与公司员工和罗伯逊本人的解释大相径庭。

然而，似乎维斯和大多数报道对冲基金的记者一样，没有搞清楚人们最初投资对冲基金的原因。大众媒体上几乎所有关于对冲基金的报道都不外乎这两个主题：收费和保密。无论是谁写的，内容都会涉及投资经理收取的"高额费用"，或投资经理运作"近乎保密"。维斯也没有让读者失望，因为他写了罗伯逊向投资人收取了"巨额费用"。

在我看来，维斯的这句话有失偏颇："多年来，富有的投资人向罗伯逊支付了20%的天价利润。"老虎基金或罗伯逊向投资人收取多少费用跟报道有什么关系？如果是"天价"，那就没有投资人会支付。维斯没有提到对冲基金行业运作的神秘面纱，但他写道："别搞错了。朱利安·罗伯逊失败的原因，并不是因为他是一个非理性世界中的理性投资人，而是因为他没有做好他的工作。"

正如我之前所说，对于华尔街的某些人，他们的问题是，其业绩是每季度、每月甚至每天都需要衡量的。显然，罗伯逊的表现也被拿来衡量，因此，数百名投资人才会把数十亿美元交给他来管理。投资人显然相信他管理资金的技巧。但是，正如罗伯逊现在所承认的那样，老虎基金成长太快，尽管他技术非凡，他也无法应对这种快速成长。由于他表现不佳，投资人撤回了大量的资金，等于是造成了挤兑。因此，他别无选择，只能完全退出市场。

从与前员工和投资人的交谈中可以清楚地看出，有两件事导致了老虎基金的消亡：大规模的撤资和无能力驾驭市场。

一位长期投资人说："媒体对罗伯逊过于严苛。媒体使他看起来好像想要失败，他必须失败，而且他是一种以牺牲他人为代价对市场造成严重破坏的贱民。"

在给《商业周刊》编辑的一封信中，罗伯逊和老虎基金的人说，维斯这篇文章的内容纯属杜撰，并对有关强制清算的说法提出质疑。信中提道：文章所说不属实。相反，美洲豹基金的流动性从来都不是决定关闭公司的一个因素。

对老虎基金和罗伯逊发表负面评论的，不只是《商业周刊》。《泰晤士报》在2000年3月31日发表的一篇文章表达了自己的观点，标题为《没能拯救老虎的行动》。文章抨击了老虎基金的费用结构和罗伯逊无法管控技术市场。文章还对老虎基金1997年对泰铢的巨额交易，进而对亚洲经济造成的破坏，进行了口诛笔伐。其他几家媒体也报道了老虎基金出现的问题。此外，《纽约时报》和《巴伦周刊》也发表了评论员文章。

普林斯顿大学经济学教授、专栏作家保罗·克鲁格曼2000年4月2日在《纽约时报》刊文，题为《清算：对冲基金不再冲》。他说，大家不应该为略受打击的投机分子感到难过，他们的财富减少了，但仍然达10位数。但他也相信，有不少人愿意看到他们再多受一点苦。克鲁格曼说，虽然罗伯逊以脾气暴躁和刻意粗鲁而闻名，但老虎基金最大的成功在于从经济困境中获利，而且，如果你相信一些亚洲政府的抱怨，在某些情况下，那些经济困境是故意制造的。克鲁格曼认为，罗伯逊将公司的衰亡归咎于非理性市场，这非常"具有讽刺意味"，因为克鲁格曼相信，"如果市场像罗伯逊抱怨的那样理性，他就无法从中获得暴利了"。

克鲁格曼写道：

对冲基金存在的根本原因是假定基金经理有能力发现市场的错误——股票、货币等根据基本面估值过高或过低。然后，基金经理进行套利：购买被低估的资产，出售被高估的资产。这种套利策略可以为投资基金的人带来巨额回报，但如果市场上价格正常，那这样的策略就行不通。

我应该说，罗伯逊先生很清楚他在做什么。在老虎基金的早期，当它小到可以对小公司进行研究和投机时，当然情况有所不同。但是到了20世纪90年代，那些认为过去的成功可以保证未来收益的投资人急切地把资金注入老虎基金，它就变得太大而无法再玩这样的游戏了。罗伯逊先生将注意力转移到"宏观"赌注上——他试图预测全盘股票的走势，甚至整个经济的未来。没有什么宏观经济预言师——只有糟糕预言师碰上死老鼠。（我也不例外。）15年前，罗伯逊先生对某公司的了解可能比我们多，但他对日本或科技股的未来的了解并不比谁多。

不管是谁，出于哪种实际的目的，靠抛硬币来决定事情，结果必然是令人失望的。或许他能连猜对几次——比如，他猜对了亚洲股市即将暴跌——但如果他开始相信自己有先见之明，并且每次都抛硬币然后赌上他的全部资本，他迟早会吃到苦果。他果然吃到了。

《巴伦周刊》的著名编辑艾伦·阿贝尔森对老虎基金的倒闭也不太同情。他于2000年4月3日发表文章《宏观问题》表示，导致老虎基金倒闭的原因"并不是他一如既往地贯彻了严格的投资策略——而是他没有这样做"。"宏观"和"狂妄"是罗伯逊垮台的原因,而且,他"对赞誉和名声的渴望"使他的损失变得更大。

阿贝尔森继续写道:

> 另外,由狂妄自大所驱使的宏观策略也对他的微观选股策略产生了负面的影响。选股错误无疑会带来伤害。但真正给他带来伤害的是他所持仓位的庞大规模。为部署所累积的数十亿美元资金,老虎基金对某些公司的股票大量持仓。如果股价不理想,就可能引起极大的问题。而且,对于老虎基金这样的对冲基金,这会带来严重的伤害。
>
> 如果你是超级投资者,拥有一定的声望,而且拥有非常多的股票,那么,即使你只卖出一手,消息也很快就会传开,你的小小举动牵动着这只股票的生死。但是,如果你是超级对冲基金投资者,也拥有一定声望,而且通过杠杆拥有非常多的股票,你能造成的负面影响会被大大放大。规模是杠杆的死敌。根据合理估计,老虎基金使用的杠杆是 4∶1。
>
> 我要重复我的观点,即老虎基金并没有一如既往地坚持罗伯逊所主张的价值投资。恰恰相反。我认为,他的结局之所以如此,是因为他为了追求虚名,偏离了过去单刀直入的获利追求。

尽管阿贝尔森对老虎基金的问题及其原因做了如此严苛的批评，但很多人认为他在文章结尾处对老虎基金的赞美又是那么的浮夸。他写道，在罗伯逊关闭老虎基金并开始自己管理资金之后，

> 如果我们有大把钱想要投资，而且罗伯逊也愿意的话，我们会非常乐意让他在管理自己的资金的同时，也顺带管理一下我们的资金。

对于《纽约时报》和《巴伦周刊》发表的文章，罗伯逊三缄其口。他也没有说他是不是在管理阿贝尔森的资金。他只说了些跟迈克尔·斯坦哈特以及我几年来接触过的其他对冲基金经理说过的类似的话：盖棺定论的是媒体。它们的定论可能不对，但最终的定论由它们做出。

导致老虎基金灭亡的原因，虽然仁者见仁、智者见智，但主要的原因是投资人对罗伯逊的信心危机。很明显，投资人对罗伯逊的能力失去了信心，这可能是因为市场已经变成罗伯逊无法驯服的野兽，因此投资人决定要保护他们的资产。

老虎基金申请清算之后的三年，罗伯逊仍从事资金管理业务。如今，他管理自己的资金，并与崭露头角的基金经理合作，帮助他们成功地运作基金。

2002年的夏天，我跟他坐在位于公园大道101号的办公室里，讨论老虎基金关闭的情况。他仍然认为市场是导致老虎基

金必须关闭的主要原因,而其他的情况也已经变得很明显——所管理资产的规模。

经过反思,罗伯逊认为,老虎基金规模太大了。"对冲基金业务的关键是靠成功来孕育成功。我们的业绩一直很优秀,所以我们的投资人口口相传,告诉他们的朋友和同事,这就是我们发展壮大的方式。"

他一直认为,随着所管理的资金增加,老虎基金可以增加员工。但他后来才意识到,这个想法"理论上可行,但实际上却不可行"。老虎基金规模越大,为影响投资组合而必须购买的股票也就越来越多。

在最严重的时候,为了使股票头寸发挥作用,罗伯逊需要投入2亿美元,却只占投资组合的1%。而在那段时间,使你能持有2亿美元的仓位而且还有流动性的股票并不多,所以这对老虎基金来说是一个真正的问题。

流动性、规模和投资人的撤资,还有许多其他因素,都是导致老虎基金倒闭的原因。尽管老虎基金及其经理的辉煌时代已经一去不复返,但有一点可以肯定:它的传奇故事将长存,尤其是还存在"小虎队"——这些容我在后面慢慢道来。

许多人对老虎基金的问题以及导致其倒闭的原因各有说法,但其中一个关键问题却被广泛忽视。老虎基金的多位前员工和投资人都表示,真正的问题不是罗伯逊和他的团队因为非理性繁荣而找不到投资机会,也不是投资人的撤资导致老虎基金遭挤兑,而是老虎基金自身的演变,再加上老虎基金的领导者未能继续聘用公司早期所拥有的踌躇满志的员工,这才导致了它的灭亡。难以驾驭市场是老虎基金倒闭的公开原因,这点毫无疑问。但许多人认为老虎基金举步维艰,因为其员工已无法应对动荡的环境。

除了罗伯逊和他的发言人的解释,员工和组织文化的问题对老虎基金灭亡的影响似乎远大于市场。随着老虎基金的发展壮大,它不断追逐越来越大的资金池。起初员工们一心只知努力工作、管理好资金,工作氛围和谐美好,但老虎基金后来变成充斥着官僚作风与噩梦、员工内斗的企业。组织文化的变迁导致最后几年里员工大量更替。

有一位分析师表示,他加入老虎基金之时,和他一起工作的是一群刚毕业或刚从华尔街第一份工作跳槽过来的人,他们都如饥似渴,非常专注。

他说:

> 我们当时都不知道我们该怎么做,所以我们只能冒险尝试,但这并不是因为我们是赌徒,而是因为我们不知道怎么做才会更好。这带给我们丰厚的回报——如果我们中的任何一个人知道了该怎么做,我们都会被吓死,但当时,那只是标准操作。当我离开老虎基金的时候,那里都是华尔街老油条,他们将老虎基金视为职业生涯的最后一站。他们完全没有饥渴的感觉,对冒险不感兴趣,对薪酬更感兴趣。他们不会真正努力去建设或维护一种可以发展的东西。

老虎基金的问题与许多超出创始人预期的创业公司的问题很像。老虎基金迷失了方向，从富有创业思维变成固守城池。随着老虎基金不断发展壮大，它变得越来越企业化、官僚化；公司从一个人们可享受自由的地方，变成了一个员工被迫保护自己领地的地方。

罗伯逊不断追逐梦想，并想不断使人信服他作为有史以来最优秀、最受尊敬的对冲基金经理的竞争优势。很明显，老虎基金的演变就是沿着这个脉络前进的。但随着所管理的资金增长，商业模式发生了变化，标准不断提高到新的高度，罗伯逊依然希望获得同行和同时代人的认可。他不再雇用野心勃勃的年轻人，不论他们有没有投资经验；而是开始雇用经验丰富的资深人士，即那些他觉得具有一定市场和投资智慧的人。与此同时，老虎基金本身也不再充实内部的发展，而只想通过招聘经验丰富的人来实现发展。老虎基金聘请了一系列的明星分析师和共同基金经理，还聘请了来自华尔街许多最重要的公司、有着多年经验的交易员。毫无疑问，罗伯逊有能力吸引有经验的人加入老虎基金。但问题是，这些人不一定有能力为老虎基金创造任何重要的价值。

很多早期员工都说，刚加入老虎基金的时候，如果想和罗伯逊谈谈，都可以直接找他。当他们离开的时候，老虎基金已经发展壮大了，如果还想找罗伯逊谈谈，必须通过其他人。并不是因为罗伯逊不喜欢分析师或交易员，或者不太看重他们或他们的想法和能力，而是因为公司已经从一个富有创意、气氛和谐的地方,沦为一个员工墨守成规、不关心其他人所作所为的地方。他们想要做的只是保住他们的职位,这样他们就可以保住他们的薪酬。

投资人一般对市场的新想法或新领域缺乏兴趣。老虎基金在 20 世纪 90 年代后期招募的人都专注于市场的一两个特定领域,并且是真正的行业专家。这给投资过程带来了重大困扰。专门研究汽车行业的分析师对其他事情几乎没有兴趣。这意味着在周五的例会上,他们不会提出关键问题;当他们被问到关键问题时,他们会认为那是对他们能力的侮辱,而不是合理投资过程的一部分。最后,老虎基金的投资组合中出现了一些非常糟糕的投资仓位。

这些专家不太能接受批评,并且非常反感周围有这么多自认为有关行业或板块市场的知识水平很高的年轻人。公司内人与人之间的互动开始出现障碍。人们开始只关注他们知道的事情,对其他事情几乎没有兴趣。这最终伤害的是公司,因为他们只关心他们自己所在的领域或投资组合,其他的事情似乎没有人关心。

在早期,当一位分析师离职,内部会有人顶替他的职位。然而,随着公司的发展,当一位分析师离职,罗伯逊不从内部寻找,而是到公司外去找一位分析师来填这个坑。他相信聘请外部人士才是保护特许经营的一种方式。而且,通过走出去寻找"最好的",他可以继续维持公司在某个市场或领域的卓越水平。

多方消息来源都显示,在 20 世纪 90 年代初期,华尔街出现过一些"交易手册",即关于老虎基金的信息资料,这是为了出售老虎基金而准备的。但每个人都有同感：没有朱利安·罗伯逊，模式无法复制。罗伯逊对此的解决方案是，聘请外部人士，让华尔街认为公司是在招贤纳良。这反过来又创造了一个平台，让外界觉得老虎基金不只是依靠罗伯逊。

不幸的是，老虎基金"有经验"的人似乎引导罗伯逊做出越来越多的错误决定。老虎基金做出了一系列糟糕的宏观押注，其中就包括由俄罗斯债务违约所导致的惨重损失。（这让很多人感到震惊，因为罗伯逊有撒切尔夫人和罗伯特·多尔这两位顾问，他们都向他保证俄罗斯违约是不可能发生的。）老虎基金有时会建仓，当受损严重时，他们会不相信他们的研究是错的。相反，分析师会认为市场是错的，仓位最终能够反弹赢利。

虽然错误的决策导致了投资组合仓位出现问题，但更多人认为，另一个决定老虎基金倒闭的因素是罗伯逊无法继续与离开他的人共事。很明显，无论你与罗伯逊之前的关系多么牢固或紧密，当你决定离开老虎基金时，关系都会受到严重影响。不管你是离职创立对冲基金，还是从事完全不同的行业——离开老虎基金，在罗伯逊看来，都是对他个人的不满。他不喜欢别人离他而去。

其中一名离职创立对冲基金者说：

> 我认为，如果你问任何离开老虎基金的人在他们离开后的六个月内是否与罗伯逊说过话，你都会得到一个响亮的否定答案。有的人，罗伯逊花了一年多的时间才愿意跟

他讲话。当我们离开老虎基金时,这对我们所有人来说都是私事,但他很难接受,而且真的很不高兴。

罗伯逊和他的许多同龄人一样,被认为很固执,而且极度记仇。这显然源自他竞争的天性,也可能是因为他在慢慢变老。到后期,虽然他仍愿意去倾听那些质疑他的想法或评论,但归根结底,他的话就是法律,如果你不喜欢他的决定,那你就离开。随着年龄的增长,他越来越固执。他觉得自己的经验和专业知识不应该被质疑。正是这种态度导致他在交易出现损失的时候不是去平仓,而是对着干。很多人都说,如果罗伯逊不那么固执,不将离职视为人身攻击和不忠,而是视为一个机会,老虎基金本可以渡过难关。

对冲基金和资金管理行业人士都认为,最终,罗伯逊所犯的错误是他没能善用那些可高效为他工作的人。一名前员工说:"他应该给那些人一大笔钱,帮助他们创业——而不是把他们驱逐出对冲基金王国。"如果他那样做了,他今天可能会坐拥一只价值1 000亿美元的对冲基金,而他在整个行业中的分量也会有所不同。

他愿意不惜一切代价去赢并做到最好,这非常明显。他希望全世界像尊重索罗斯那样尊重他。罗伯逊显然希望能够随时与央行行长会面,并希望被看作世上最优秀的投资者。然而,最终他失去了来自投资人的信心。投资人之所以把钱投给他,是期待从老虎基金获得利润。而很明显,罗伯逊无法提供利润了。

小虎队

从老虎基金辞职出来创业的35~40名基金经理,在筹集资金和业绩方面,都交出了令人满意的答卷。小虎队成员都有一种不可思议的能力来吸引资金、创建资本帝国。

罗伯逊已有三年不再公开管理他人的资金了。然而,一朝是投资者,永远都是投资者,因此,他仍然掌握着世界经济的脉搏。此时的他,与经营老虎基金之时的他,没什么不同,因为他一直在寻找最佳、最有利可图的投资思路,并进行挖掘,以谋取利润。

如今,老虎基金这台理财机器已经被拆除。然而,罗伯逊仍然感到欣慰,因为他依然拥有庞大的资源网络,可以了解在什么地方发生了什么事情,如何从中获利。虽然他也一直在打电话,但他如今的工作,是通过"小虎队"来实现。罗伯逊与30~40名经理一起投资,互相咨询。这些"小虎队"成员,都在不同时间为他工作或与他共事过。这些人被媒体称为"小虎队"，是因为其中大部分是老虎基金前员工；老虎基金仍在运营的时候，他们出来自己单干。还有另一类经理，可以说是老虎基金的下一代，在公园大道101号老虎基金原来的办公室工作。罗伯逊通过为这些经理提供后台支持和其他三级资金管理服务来帮助他们。他还与这些经理合作发展他们自己的组织。他们是老虎基金的下一代，并已成为罗伯逊用来在全球市场中寻找价值投资的工具。

老虎基金的第二代——正在经营个人、独立基金的团队——正在位于公园大道101号的办公室接受培训。当老虎基金关闭的时候，它未关闭办公室，也未抛弃那些基础设施，罗伯逊反而将他们宽敞的办公室变成一家对冲基金酒店。

一位前员工说："罗伯逊意识到，办公室和那些设施没有任何用处，更重要的是维护办公室和那些设施需要相关成本，所以他决定做任何聪明人都会做的事情：找其他人来使用这些设施，分摊部分成本。同时，他还可以在维护基础设施的时候满足他自己的需求。"

"这是非常明智的举措。"他继续说道，"让这些人进来，罗伯逊不仅可以减少一些成本支出，还可以吸收大量创意，而且不需雇用分析师。"

2004年春，这些人在老虎基金原来的办公室运营着15只基金，其中有：虎鲨管理，由汤姆·法齐奥拉和迈克·希尔斯管理；老虎亚洲，由比尔·黄管理；老虎科技，由蔡斯·科尔曼管理；老虎消费者伙伴，由帕特里克·麦科马克管理；还有新兴主权集团，由凯文·肯尼管理。

这些基金已经能在大约一秒钟内透彻了解某家公司，并施展 20 年的对冲基金业务经验。毫无疑问，很多人在绘声绘色地描述"猛虎幻术"，这也不是什么坏事。第二代人可能会和其他小虎队一样，想要证明自己是业内最好的经理；只是他们证明自己的方式，与其他小虎队不同。不管如何，还是有许多人相信罗伯逊关于投资和赚钱的想法会对他们产生影响。这只是时间的问题。

对于这些基金的每一项投资，罗伯逊也都注入资金，有时候是以普通合伙人的身份，这意味着他既能分享绩效分红也能拿到投资的利润。经理们会定期与他会面，讨论想法，并讨论市场上发生的事情。然而，他们的想法如何影响罗伯逊自己的交易，或者罗伯逊对这些基金所持仓位的影响有多大，这些还不太清楚。

一位前员工说：

> 虽然他把老虎基金关了，但他仍然需要分析师，他仍然需要一个创意工厂。通过让这些人进来，他能够维持他的信息流。我们不知道他采纳了多少信息，但他肯定使用了一些。

老虎基金成功的衍生产品之一是虎鲨管理基金。法齐奥拉和希尔斯在管理着一些"非常无聊"的传统多头/空头投资组合。他们使用自下而上的策略来分辨他们认为会增加基金价值的沉睡股票。他们基本上会搜索文件和档案来寻找投资思路，一旦他们找到自己喜欢的东西，他们就会深入研究并尽可能地挖掘，以便做出正确的决定。

法齐奥拉说："我们审视公司，并试图分析它们的好坏与对错。通过对公司及其客户、供应商和竞争对手进行尽可能多的研究，我们了解了该公司是否存在在世界其他地区尚未发现的问题。"他们不断深入研究的不只是数字所隐藏的东西，还超越了管理的层面。这是一种纯粹而简单的无聊策略，永远不会过时。归根结底，一切都与价值有关。

在2001年2月推出虎鲨管理基金之前，法齐奥拉和希尔斯在华尔街的多家公司合作了至少六年。法齐奥拉说："我们认为大多数人并没有真正了解市场正在发生的事情，而且他们的观点有误。他们的投资都缺乏事实依据。大家都在进行猎巫行动，但他们都不知道巫师长什么样。"

法齐奥拉表示，与老虎基金和罗伯逊的关系使合作伙伴能够更快地让基金壮大，更容易获取信息，并消除了运营中的众多麻烦。他说："我们不必担心大多数独立创业的经理所担心的会计问题或其他问题。我们直接搬进来，一切也都挺顺利的。"

法齐奥拉说，管理对冲基金就像是每天都在"逆流而上"。他说："毫无疑问，这不是一份令人向往的工作。有时候我想拿头去撞墙，因为看信息无聊至极。我需要走出办公室，需要

11 小虎队

回家。"

他们的工作似乎得到了回报。虽然早在 2003 年的时候,虎鲨管理基金下跌了 5.5%,而同一时期,S&P 500 指数上涨超过 26.3%,MSCI 指数上涨超过 30.8%,但是,到了 2004 年的第一季度,虎鲨管理基金上涨超过 6%,而同一时期 S&P 500 指数下跌 0.42%,MSCI 指数只上涨了 0.064%。

蔡斯·科尔曼可能是当今最幸运、最聪明的基金经理之一。这位二十多岁的对冲基金经理从 2001 年 3 月开始经营老虎科技基金,并取得了令人难以置信的成功。该基金所管理的资产超过 5 亿美元,在 2001 年和 2002 年都增长了 50% 以上;2002 年,猛增 38%;到 2003 年底,增长了 14% 以上;在 2004 年第一季度增长了 16% 以上。科尔曼是罗伯逊儿子的朋友,一毕业就来到老虎基金做研究,学习如何理财,从某种意义上说,他从未离开过老虎基金。

他说:

> 我们的成功在于我们经营的对冲基金操作很正确,并采用了非常长期的方法来做投资决策。我们采取的是基本的投资方法。我们时刻牢记自满是我们的敌人。

科尔曼 1997 年从威廉姆斯学院毕业后加入老虎基金,担任技术分析师,从此一发不可收拾。他说:"这是操作真正对冲投资组合的良好环境。我们试图把握技术市场的脉搏,但由于事情变化很快，我们必须能够适应市场的变化而做出相应的调整。"

他接着说："我们知道，我们并不是什么都懂。但我们对我们所做的事情，了如指掌。"

凯文·肯尼和他的合伙人经营着新兴主权集团基金——全球流动性最强的新兴市场对冲基金，创建于2002年4月。我2004年春和肯尼交谈之时，该基金管理着大约3亿美元。肯尼的合伙人是米特·谭瑟尔和云·常，他们以前在摩根士丹利负责新兴市场债务交易业务。新兴主权集团基金交易巴西、土耳其、阿根廷、墨西哥、波兰和俄罗斯等国的债务。

肯尼说：

> 我们只交易这些市场的政府债券和货币。这些是被时间遗忘的市场。现在股市压力大，美元继续疲软，欧元走强，人们在这里寻找机会，但为时已晚。
>
> 我们非常努力地与当地市场上的人交流，了解政治和经济层面正在发生的事情。我们获取了这些信息之后，再运用基本面分析来做出投资决策。

肯尼说在老虎基金框架之外工作对他非常有帮助。"显然老虎基金是华尔街历史上排名前十的公司之一，在这样的公司里工作，我们有机会接触新技术、会计和后台系统，以及其他让我们能够专注于我们主要目标的东西。"

罗伯逊说：

> 我与许多基金经理一起投资过。我们的长期投资人如果需要新的基金经理，我很有信心可以帮他们介绍。坦率地说，我目前的操作模式是：我管理我的大部分资金，并享受这个过程。我不需要去管理其他人的资金。所以，当我在新西兰时，我没有产生这样的利益冲突：我是应该在这里开心地度假，还是应该在纽约帮客户管理他们的资金？

罗伯逊说，他相信这么多人将他视为最好的基金经理之一，原因之一是这些人离开老虎基金之后，继续在对冲基金和资金管理领域做出了巨大的贡献。许多在老虎基金工作过的人现在都是对冲基金界的引领者。他的前雇员们创立自己的基金并取得了成功；他们不只关心赚了多少钱，也努力做其他的事情，这都让罗伯逊倍感欣慰。

随着前雇员和前同事纷纷创建基金，并在业界取得非凡的成就，罗伯逊的传奇色彩也越来越浓郁。在老虎基金关闭后的三年里，罗伯逊仍然是报刊和夜间电视商业节目的焦点，不仅仅是因为他的慈善工作，还因为他在黄金市场、股票市场以及他的小虎队在对冲基金方面的成功。小虎队不仅在市场上运作成功，在吸引资金方面也很成功——这是对冲基金经理所面临的最难的工作。

2003年秋，一些市场观察人士估计，投资于对冲基金的总资产的近10%，以及用于做多/做空股票的总资产的近20%，分别是由老虎基金前雇员和小虎队在管理。而没有人知道这些具体的事实，因为与传统基金不同，对冲基金数据没有单一来源或数据库。但是，如果快速粗略地计算，上述数字似乎相当准确。即使数字有一点点偏差，罗伯逊的小虎队在对冲基金行业中所扮演的角色也绝对没有错。他们对管理资金的方式产生了巨大的影响，其中大多数经理将他们的成功直接归因于他们在老虎基金的工作经验。

罗伯逊多年来不断发展老虎基金，创造出一个成功的平台，并在众多公司中脱颖而出。他没有给任何人一本操作手册。罗伯逊只是让他们看，让他们边看边学；然后，他们就变得越来越厉害——以至于他们都想自己单干。很多人都说，在老虎基金取得成功的关键是他们能够关注罗伯逊以及投资组合发生的事情。简单地说，如果你用心，你不仅可以学到如何处理和使用信息，还可以学到如何创办公司。很明显，非常多的人关注眼前发生的事情，以及事情是如何完成的。小虎队成员还谈论的一件事是：在自己的基金成长的过程中，他们学会了不要做什么。从某种意义上说，他们学会了不要犯同样的错误。

对冲基金行业的观察人士估计，从老虎基金辞职出来创业的35~40名基金经理，在筹集资金和业绩方面，都交出了令人满意的答卷。小虎队成员都有一种不可思议的能力来吸引资金、创建资本帝国。当大家读到或听说有基金经理辞职独立创业并取得成功的故事，大多数时候这是指小虎队成员或从老虎基金辞职的人。这些人有能力在公司成立的第一个星期就筹到1亿美元；到第一季度末，所管理的资金就超过5亿美元；到年底，就不再接受新投资人的注资，因为他们能管理的资金已经到位，不需要更多的资金了。

一些小虎队成员会相互观察和比较。他们说，在所有前雇员中，只有少数人没有取得巨大的成功。很多人都认为，在罗伯逊掌权的20年中，这样的成功率，无人能超越——无论是对冲基金、华尔街还是任何其他商业领域。没有人能够合理解释为什么会出现这种情况。就像有一段时间，老虎基金不断做出完美的交易，比任何人都更快、更好，赚取巨额利润，吸引大量资金。不幸的是，老虎基金倒下了，像一波大浪过后一样，但余波永远改变了对冲基金的运作方式，以及华尔街内外人士对对冲基金的看法。

一个人或一个机构可以对一个行业产生如此大的影响，这令人难以置信。这真的是匪夷所思，因为这样的事情不应该发生。

随着老虎基金多年来不断成长，罗伯逊作为基金经理终结者的声誉也在增长。人们称他为"华尔街巫师"，媒体不止一次称他为有史以来最优秀的资金管理经理。但他相信，老虎基金的真正力量在于它的员工。不过，有一个优秀的团队是一回事，有优秀教练指导的优秀团队又是另一回事。

一位前员工说："我把他比作文斯·隆巴迪教练。隆巴迪对球员很严苛，他让球员拼命训练、练球，因此，球员一直能够做到最好。罗伯逊做的事情也一样。"

在老虎基金运行的日子里，进出公园大道101号大楼的人非常多。有不少人从那里出来，创办了新的对冲基金；也有不少人从那里出来，进入对冲基金业务的其他领域；有些人干脆转到其他行业。罗伯逊认为，只有一个在老虎基金工作过的人辞职后去帮竞争对手做事。罗伯逊说："大约十年后，这个人又回来为我们工作。他告诉我，他离开的原因是他觉得我们无法成大事。但这些人加入了进来，营造了充满刺激的氛围，真的驱使我把它做得更好。整个20世纪90年代，我们就是这么过来的。"

老虎基金前投资人、罗伯逊终身好友罗伯特·博奇认为，罗伯逊真正的实力和才能在于他能够挑选出一些人，这些人在对冲基金界最终做出了如此突出的成就。博奇说的当然是小虎队成员，他们从老虎基金出来，并创立了许多非常成功的对冲基金。像罗伯逊一样，大多数小虎队成员都追随罗伯逊-老琼斯的模式和投资风格。

博奇说的是诸如麦弗里克基金的李·恩斯利这样的人，其身价约为75亿美元；蓝山资本的约翰·格里芬，管理超过11亿美元的资产；维京资本的安德烈亚斯·哈尔沃森，管理超过35亿美元的资产；史蒂芬·曼德尔，他在孤松资本管理着超过40亿美元的资产。他们都建立了极其成功的对冲基金，并且都起步于老虎基金，并在罗伯逊手下担任过不同的职务。

罗伯逊营造了一种氛围，让每个人都想努力工作，想取悦他。他们知道，如果不取悦于他，他就会发脾气，关系就不会那么愉快了。罗伯逊让人们在任何时候都拿出最佳状态来工作。他们觉得自己已经非常努力了，但罗伯逊觉得还远远不够。他以身作则，同时也恩威并重。随着时间的推移，老虎基金的巨大影响日渐明显：它是为优秀基金经理建立起的平台——一个能够让人才真正茁壮成长的地方。罗伯逊和老琼斯一样，建立了一台能产生和实施创意的机器。和老琼斯一样，尤其是在早些年，罗伯逊密切关注他的员工，确保他们始终做好他们应该做的事情，并专注于手头的任务——赚钱。因为罗伯逊对公司、对这些分析师有这样的关注，所以当这些分析师某天决定辞职时，他非常往心里去。如果有人辞职了，罗伯逊得花几个月的时间才能使心情平复下来。

很多人都说，罗伯逊不仅有慧眼从商学院或其他公司挑选优秀人才，他还能让每个为他工作的人发挥最大的作用。他有一种不可思议的能力，可以找到优秀的人（不管他们是上最好的学校还是有最好的老师），并让他们非常努力地工作。这些都没问题，要命的是，他要这些人通过他的考验。

一位前员工说："他雇用的人并非天生就是对冲基金经理。但是，要为他工作，非常难，因为他强迫我们随时都拿出最佳的状态来工作。他让我们了解什么东西最重要，要如何找到问题并着手处理，并根据问题做出决定。"

罗伯逊制造了一台机器，可以使想法一个接一个地生产出来，并设定了这样的前提：大家必须尽全力把好的股票纳入投资组合。随着时间的推移，很明显，他希望好的股票被更好的股票所取代，而且这项操作永远不会结束，因为总是有改进的空间。

罗伯逊还认为，小虎队的许多成员与他一样，承担起对社会的责任。他们中不少人参与了各种慈善组织，有些人甚至开始去教书。小虎队成员身上的这些利他主义倾向是来自良好的教养，还是来自良好的职业教育，这不好说。但罗伯逊都为他的前雇员在华尔街内外所做的事情感到自豪。

随着岁月的流逝，最初的小虎队的队伍越来越大，罗伯逊已经很享受他在第二代人的发展中所扮演的角色。这让罗伯逊得以继续保持与市场的联系，也让他能够继续利用自己的技能，寻找优秀人才，并帮助他们成功建立自己的事业。在公园大道101号办公室里工作的第二代人，让他倍感自豪。

博奇说："罗伯逊把一群年轻的英才收到自己身边，他在为新基金播种。这些新基金是独立的，但可以使用原来的办公室。罗伯逊为他们提供后台支持，然后让他们展翅单飞。如果这些人愿意，他会为这些人提供帮助。然后，这些动作不断循环反复。"

博奇继续说："他手头有一些能人，我把钱投给他们，因为他们是新的对冲基金经理。这真是妙不可言，因为老琼斯传奇和罗伯逊传奇都在薪火相传。"

行业专家兼基金经理亨特·泰勒将罗伯逊寻找英才、培育英才的能力比作寄宿中学将最聪明的学生送到最好的大学。泰勒相信，虽然没有人怀疑罗伯逊是一位非凡的基金经理，但他真正的能力是吸引最优秀和最聪明的人才。更重要的是，他真正教会了他们如何管理资金。

泰勒说："如果你看看华尔街的历史，会发现很少有地方能走出这么多的优秀人才，但老虎基金确实是一个独特的例子。多年来，人们听说过某人师承索罗斯、摩尔或佩科特，但他们人数很少，而且音量都很小。从老虎基金出来的人则真的是鹤立鸡群，因为投资人知道他们接受过什么样的培训、有什么样的经验。"

许多人认为，罗伯逊要求小虎队在做出投资决策时非常严格，这对他们非常有帮助。关于罗伯逊的坏脾气和他对员工严厉的故事非常多。虽然在当时，当事人可能会受到伤害，但最终对他们来说应该是利大于弊。对冲基金行业的人都必须坚强，不能是一只乖巧的小猫。老虎必须用牙齿和爪子来激励员工。这是个竞争激烈的行业，做好人不足以获得成功。

因此，在建立一个成功的资金管理组织的同时，罗伯逊很可能——也可能是完全无意地——建立了有史以来最厉害的对冲基金孵化器。许多人说，再也不会有像他这样的基金经理了。他真的是独一无二的。他有赚大钱的第六感和推动人们做到最好的能力。

泰勒回忆起罗伯逊的一位分析师告诉他的一个故事。分析师建议做空一家韩国汽车公司的股票，因为这位分析师做了一些研究，发现该公司的一款车引擎有问题，特别是某一型号的车，问题太大，足以让公司陷入困境。分析师建议做空该公司的股票。罗伯逊问分析师如何得出这个结论。分析师说他已经完成了研究，发现了问题并想加以利用。罗伯逊告诉他，他的想法不够好，因为这些信息都是二手信息。所以，他们决定购买两辆汽车，并对引擎进行独立测试。结果，他们发现了问题，并做空了股票。

泰勒说："这就是老虎基金标准的高度。今天，许多小虎队成员的表现仍然达到这样的水平。真的很了不起！"离开老虎基金后自立门户又成功了的基金经理很多。除了前面提到的，还有柔佛资本的罗伯特·卡尔、迪尔菲尔德资本的阿诺德·施耐德和奋勇资本的史蒂文·沙皮洛。2003年秋季之时，他们总共管理着大约170亿美元的资金。K2顾问公司的戴维·桑德斯管理着超过10亿美元的对冲基金业务。小虎队非常壮大。

虽然没有人能够保证小虎队就一定会成功，但他们筹集资金的能力几乎可以保证。以维京资本为例，1999年10月成立的时候，它获得了5亿美元的资金，就不再吸收新的投资人的注资。许多人表示，该公司的成功是因为投资人对其负责人在老虎基金为罗伯逊工作的经历有信心。在老虎基金为罗伯逊工作过，就像是得到了美国妇女杂志《好管家》颁发的认证证书。在维京资本的创始人向老虎基金前投资人或业界朋友推荐或谈论基金经理时，这大有好处。罗伯逊的巨大网络再次发挥作用。

不仅有小虎队在美国的出色表现，老虎基金前员工在欧洲和亚洲也取得了成功。1999年，中岛重弘在东京推出了鹤资本管理。当时，中岛重弘告诉记者，因为他目睹了长期资本管理公司的情况，所以他采用的经营风格是"严格管控流动性"。他计划在七国集团和香港的高流动性市场开展业务。

然而，大家的疑问依然存在：为什么这么多优秀的基金经理来自同一家公司？在2002年12月《机构投资者》杂志的人物特写中，罗伯逊说，他雇用的人"非常聪明、有竞争力并且非常有职业道德"。除了聪明之外，罗伯逊还寻找有竞争力的、喜欢运动的——换句话说，就是喜欢赢的人。

老虎基金20年来所聘用的员工，多半是喜欢运动或跟运动沾边的人。罗伯逊不用书呆子——他要用那些课堂内外都表现出色、全面发展的人。

罗伯逊把他自下而上的选股方法传授给了小虎队。他强调了做空的必要性，以及获取行业各层面信息的必要性。许多小虎队成员如今都说他们的运作方式大致相同。

一位前员工说："他教我们：当我们所有的研究能力用尽之时，如何搜索更多信息并做出投资决策。他对投资契机进行的研究，其深度，令人难以置信。很少有人能像老虎基金团队那样把准备工作做得那么深入。"

一位曾大量投资老虎基金的行业观察员表示，小虎队的组织有一个共同点。他们都意识到：必须有一个好的基础设施体系，以处理好交易业务和营销业务，并让分析师能够分析、发现新的投资想法。而且，似乎他们做空的时间比做多的时间多。小虎队还有一些共同点：他们似乎总是满仓运营，总是喜欢让钱为他们工作，而不喜欢把钱放在一旁闲置不用。

似乎他们唯一想要有行动的时候，是他们找到了一个投资标的，需要把现有的一个标的处理掉。于是，他们会卖出，把所获款项用于投资。他们不会将资金闲置着。他们希望钱能一直滚钱。

不少人刚从美国顶级商学院毕业就被罗伯逊聘用，他也从华尔街最好的培训项目中招人。例如，当时摩根士丹利的格里芬正在和老虎基金一起做一个项目，后来成了罗伯逊近10年的得力助手。谈起在老虎基金和罗伯逊一起工作的经历，格里芬说："那就像是新兵训练营。"

后来，格里芬加入蓝山资本。当他在证券市场上搜寻投资创意时，他用的就是罗伯逊在老虎基金教给他的经验和技能。他抓住了老虎基金的精髓。他不停奔走，忙于风险管理、摆脱价格因素的影响，以及永无止境的信息搜寻等。另外，了解管理质量的重要性，以及管理在各种市场条件下预期如何运作，这些都是他非常关注的事情。他说："我们关注世界上任何地方的任何公司，但我们尽量保持较小的仓位；平均而言，我们持有200~350个仓位，并尽量保持简单。"

格里芬说，罗伯逊教会他的一件事是，在做出投资决策时，需要有坚定的信念。简而言之——必须愿意去赌一把。如果你对某样东西坚信不疑，价格应该不是问题，那只是投资组合的一部分。如果你不相信它或对这个仓位没有坚定的信念，那就该放弃，另觅他途。

许多得到罗伯逊指点的人于 1999 年辞职,并开始自己创业。但仍有一些人留到了年底,并和老虎基金共存亡。2000 年年中,随着老虎基金的倒闭,这些人意识到他们需要一份新工作。当老虎基金的分析师没有什么东西需要分析时,他会怎么做?答案很简单——自己创业。2000 年夏末秋初,老虎基金的许多成员都单干了。像管理着电信和媒体运作的帕特里克·厄尔和马克·白德,他们成立了凯盖普管理。马丁·修斯和强尼·德拉海推出了托斯卡基金,罗伯特·伊利斯推出了凯特奎尔资产管理等。《橙郡纪事报》上的一篇文章引述厄尔的话,说罗伯逊招纳的人"骨子里都有创业精神",因此,许多前雇员开启自己的事业非常合情合理。

老虎基金的大多数前雇员都进入了对冲基金行业,但也有一些人走上了不同的道路。一位前雇员离开公司后,首先做了公务员,然后从事风险投资业务。老虎基金的前首席运营官乔纳森·西尔弗当上了克林顿第一任政府的高级政策顾问,目前经营着核心资本。他于 1999 年在华盛顿创立了这家公司,专注于对科技公司的早期投资。

西尔弗认为,他在老虎基金的时候,那里是一个"人人充满活力、精神抖擞"的地方。老虎基金成功的真正关键是罗伯逊所雇用的人积极进取,自我驱动意识很强。他说:"在老虎基金工作,让我们每个人在相对年轻的时候就对整个投资组合的一部分承担了重大责任。罗伯逊一直力推,让我们通过基于事实的分析来捍卫我们的投资理念。加入老虎基金,有助于在那里寻找信息；离开之后，这样的履历依然非常耀眼。"西尔弗的话和罗伯逊在海军服役时的话很像。罗伯逊年轻时被赋予了重大的责任，并在经验很少的情况下担任了领导的职务。

除了向员工传授市场和理财知识外，罗伯逊还向所有员工灌输要多做慈善的理念。一位前员工说："我们去那里工作时，都没有回馈社区或产生影响的想法。我们都只关心赚钱和赢得比赛。然而，罗伯逊告诉我们，赚钱之外，还有很多事情可做。"

12

老虎基金留给世人的经验

"有位记者来找我,说他正在研究25位最佳基金经理的故事,其中8位是从老虎基金走出来的人。我们在这个行业拥有这么多优秀的人才,而且我们还有一批新的人才,他们开始在市场上站稳自己的脚跟,并且有着出色的业绩记录。这些加起来,就是我们的传奇故事。"

退休并没有磨平罗伯逊的竞争锐气。他一直是,而且永远会是个完美主义者。他的好胜心非常强,他不再为投资人管理资金,但这并不意味着他对获胜失去了兴趣。他仍然活跃于市场,依然"叱咤风云,并寻找好的投资标的"。他20多年来都是这么做的。他的同龄人和前同事称他可能是有史以来最好的做多/做空基金经理,并且都认为他还可以活很久。

罗伯逊仍然专注于全球股市,因为他认为全球股市提供了一个机会,"那里的价格非常合理"。他目前正在买进自由现金流非常高的公司的股票——一朝做价值投资,永远做价值投资。

对他有吸引力的公司是那些虽未定期增长但有自由现金流的公司。他对平均自由现金流占16%～20%的公司特别感兴趣，因为这表明公司有能力向外发展。

我跟他上次见面时，他已将目光投向了亚洲，尤其是韩国。韩国最大的银行之一对他特别有吸引力。他的研究表明，其股价约为每股营业收益的四倍，并且每年以25%的速度增长。这家银行的美国存托凭证在纽约证券交易所交易，流动性非常好，非常便宜，增长也很迅速。这三点在罗伯逊看来构成一项很不错的投资。

当罗伯逊第一次发现这家韩国银行时，它以2倍的收益增长。而当他开始投资时，他的研究表明，它能够非常迅速地以10倍左右的收益增长。他认为，即使以10倍的收益增长，该银行的股票仍然便宜得不得了，所以，买入这家银行的股票是可行的。罗伯逊认为，如果做些最基本的研究，许多其他投资者也都可以发现这样的机会。然而，韩国所处地区政治的不确定性导致在韩国投资有可预见的合理的风险，很多人不愿意耗费时间和精力去海外挖掘这样的宝藏。对罗伯逊来说，这更像是买进股票的理由——从别人不愿进入的领域获利。

尽管亚洲和欧洲提供了许多有趣的机会，罗伯逊还是从他所说的美国"第51州"——墨西哥——找到了他的大部分投资机会。在墨西哥，罗伯逊找到了非常合理的股票，这些股票的交易价格是每股自由现金流的5倍，并具有巨大的上行潜力，因为经济处于持续增长和重建状态。

罗伯逊比较喜欢的公司之一是西麦斯集团。这是一家全球性的水泥公司，他认为管理得很好，股价也很合适，但由于它在墨西哥，所以很多投资者不愿意去关注它。他还喜欢墨西哥可口可乐公司。他说，与其他股票相比，该公司的股票定价非常合理，但也因其地理位置而被忽视。罗伯逊很高兴能够买入其他人忽视的国家和地区的股票，因为对他来说，这代表着机会。通过前往别人拒绝或害怕去的地方，罗伯逊通常能够在事态稳定之前或变得更加流行之前，就获得可观的利润——就像预先知道商场所有东西已经开始打折，而商场第二天才发布打折的广告。他早就捷足先登了。

尽管许多人认为罗伯逊已将注意力转移到其他事情上，例如他的新西兰项目和社区合作项目（详见第13章），但他在市场上仍然非常活跃。老虎基金的一些前员工相信，自老虎基金关闭以来，罗伯逊在过去几年中通过自己的资产就赚取了超过20％的收益。他们相信他会继续积极地参与交易，并在全球各个角落寻找机会进行价值投资来赚钱。许多人都认为他赚得的数额相当高，但他对老虎基金关闭以来他的表现从不透露。

一位前员工说："没有人知道他在管理着多少资金。大家只知道，是10亿美元以上，只知道他的身价涨了。但我们都知道，当他问我们做得如何，我们告诉他时，他只是微笑着说：'哦，真的吗？我也这样做了。'毫无疑问，他仍然积极参与市场，并仍然具有很强的竞争力。"

我们能从罗伯逊身上学到些什么呢？是什么让他如此成功？

又是什么让老虎基金崩溃？其他对冲基金从老虎基金的历史中吸取了什么教训？有人说罗伯逊很粗鲁——有时候他是一个严厉的监工——但老虎基金消亡背后的真正问题，不在于罗伯逊的性格或他管理、雇用员工的能力，或者，他与投资人相处并留住投资人的能力。无法与时俱进地运用价值投资理念，再加上 20 年中发展到了巨大的规模，这是其毁灭的关键原因。

罗伯逊说："我讨厌'分析市场'这个词。我们经常在电视上听到人们说市场这个、市场那个的。市场是某些公司的股票的集合。那些人说市场告诉他们这个、告诉他们那个。市场从来没有告诉我什么。"

彼得·林奇曾经告诉罗伯逊，只要他得到晋升，市场就会下跌。就其本身而论，罗伯逊不相信真正有人能够操纵市场而赚到钱。他认为，赚钱的唯一方法是买入便宜的股票，然后看它们上涨；或者做空价格过高的股票，然后看它们下跌。

在他事业的巅峰期，罗伯逊告诉潜在的投资人，寻找价值的方法是使用格雷厄姆和多德所描述的最根本的研究。他和他的团队知道，对投资标的进行仔细和全面的分析是不可或缺的。他们的研究不仅包括严格的财务分析，还包括对公司高管的采访以及与公司重要客户、供应商和竞争对手的讨论。这样做的目的是了解管理层如何看待他们的业务，同时，对他们所处的竞争行业有一个清晰的了解。

为此，罗伯逊需要做到可靠研究的两个重点：首先，聘请有强大定性和定量技能的员工，深入特定领域，并与该领域知识渊博且重要的人深交。其次,将信息去粗存精。老虎基金通过自身在全球的规模和交易活动,能够利用"现有的最佳研究"来实现第二点。

但他的研究不仅仅是查看报告或找客户核对。对于老虎基金的分析师来说,这只是冰山一角。在很多方面,老虎基金的分析师和罗伯逊本人为了找到可以纳入投资组合的投资标的,他们所做的工作为全球对冲基金的研究方式定下了标杆。罗伯逊不仅对许多业内最优秀和最聪明的基金经理(也是老虎基金前员工)来说是个典范,对无数正在效仿他或他的小虎队的现有和潜在基金经理而言,亦是如此。

研究模式的一个关键是公司周五的午餐会。在这个会议上,大家各抒己见。分析师们会围坐在桌前,逐一讨论各种投资想法,把各种观点都掰开了、揉碎了,审查潜在的投资机会,最终确定它是否值得纳入投资组合。一位前分析师说:"这是深度脑力激荡。你必须做好准备,否则你肯定会被逮个现行。"

周五的午餐会不可毫无准备就参加,也不会让人觉得乏味。罗伯逊喜欢快速有效地听故事。正如一位前分析师所说:"要么单刀直入,要么就不要说。"发言人的时间有限——五分钟左右——总结思路讲重点。然后就是下一位。午餐会就是这么进行的,而且很有效。如果事情太复杂,罗伯逊不喜欢。

分析师需要用四句话来总结他们的投资想法。这四句话可能需要六个月的准备工作,但他们只有那么短的时间来说明自己的观点,把信息呈现在罗伯逊面前。

除了使用在美国的交易室进行脑力激荡来获取创意，老虎基金还积极使用位于伦敦和东京的交易室。他们深入研究，以提供信息，同时利用老虎基金的投资人网络和遍布全球的联系人来获取市场情报。老虎基金就是利用这些广泛的市场联系来加强投资人网络，其中许多人就自己所处的业务部门、地区或国家的投资想法提供了宝贵而独特的观点。

老虎基金收集并处理信息的能力，有着显著的优势，但其成功甚至最终垮台的重要因素是罗伯逊对投资理念的信念。为了让某些东西具有感知价值并值得纳入投资组合，罗伯逊必须了解这项投资的说法。如果这个说法建立在扎实的研究基础之上，罗伯逊会坚持，并努力挺过难关，甚至可能会在不利的情况下加仓。通常，他最终会因自己的坚定信念而获益。

只要说法简单、合乎逻辑，又有意义，罗伯逊就会坚持。但是，一旦情况变得复杂，或其说法产生了变化，他就会失去信念，承认自己错了，然后平仓止损。

所做的这一切都是为了赢。罗伯逊只是想成为最好的基金经理，而唯一的方法就是拿出最好的业绩。让他如此成功的原因是他透彻的研究。其他非常聪明、受人尊敬的基金经理平仓退出交易时，他会继续安如泰山地告诉交易员："买进！"

有很多次，人们看到上述情况出现，会说他疯了，应该赶快平仓。而他继续安稳地坐在那里，有多少买进多少。对罗伯逊来说，只要他对自己的研究有信心，他并不关心市场的反应。他相信，其他人都没有做好基本的研究，根本不了解这个机会。

这方面一个很好的例子是，之前铜价上涨时，他依然坚持做空商品铜，而其他人都在平仓止损。那项投资的说法，他了然于胸。他已经计算过，并且知道他是对的。

老虎基金进一步完善了做空的艺术。做空，是老虎基金投资策略非常重要的部分，也是老虎基金真正有别于其他投资公司所在。做空让罗伯逊扩大了他获利机会的范围，同时，也减少了老虎基金在市场反转时可能遭受的损失。这是一般对冲基金的典型做法。老虎基金，更是如此。做空降低了市场风险，也让罗伯逊能够承担更多的单一公司的投资风险——从他的角度来看，这是非常理想的权衡取舍。

老虎基金"回避"了市场风险，因为它认为自己"没有特殊能力"来预测或决定市场的整体走向。然而，公司团队积极辨识某些公司的特定风险，因为他们相信，分析这些风险的能力是公司最大的优势之一。

另外，罗伯逊还大大推动了杠杆在对冲基金中的使用。投资策略是这样运作的：在任何给定时间，股票仓位的总值是其基础投资资本的两三倍，这是正常的。在此期间，净多头仓位（多头减去空头）仅占其基础投资资本的一小部分，也是很常见的。

这样的做法在投资界并不少见。下面的例子应该可以让外行人理解这是如何运作的。基金经理以每股 10 美元的价格做多 10 000 股股票 X，相当于价值 100 000 美元的仓位；另外，基金经理以每股 5 美元的价格做多 10 000 股股票 Y，相当于价值

50 000 美元的仓位。因此，该基金的多头仓位价值总计 150 000 美元。同时，基金经理以每股 7.5 美元的价格做空 10 000 股股票 Z，因此，空头仓位价值 75 000 美元。将多头和空头加在一起，该基金的净多头仓位价值 75 000 美元。

通过使用杠杆，老虎基金可以积极地将资金用于最佳多头和空头投资。杠杆使老虎基金增加了对最佳机会的敞口，同时也减少了整体市场的定向敞口。

使用杠杆是老虎基金多年来成功的重要因素。但罗伯逊对风险的理解是老虎基金能够获得巨额利润的原因。他根据分析师的建议，做出投资决策，然后在分析师不知情的情况下，两三倍地加仓。他经常干这样的事情。

一位分析师说："他会不断挑战你的想法，并质疑一个想法能真正付诸实践的程度。到最后，我也不知道他是根据什么来确定他可以轻松达到某种水平。我只知道，在多数情况下，他总是跟我的建议反着干。而且，在大多数情况下，他是对的。"

罗伯逊的信念导致他愿意承担分析师可能不愿意承担的风险，但他的信念也迫使他在本人或团队核心圈以外寻求他们不了解的专业知识。即使他依靠他人的能力和判断力来分析某个仓位，他还是会经常进行质疑。

一旦确定要交易，罗伯逊和他的分析师就会不断地争论持仓的时间和规模。有时候，即使分析师告诉他这不是一个好主意，他还是想要加大仓位；有时候，分析师认为他们应该投入更多的资金，他却会拒绝。罗伯逊和他的分析师经常争论仓位的大小，都是为了损益表上显示的利润。损益表变成了一种奇怪的参考性的东西。分析师会根据仓位来计算如果罗伯逊按照他们的建议进行交易，与罗伯逊实际的操作相比，赚了或亏了多少钱。有时候，这种关系的效果良好；有时候，效果很差，而分析师对此却无能为力。

罗伯逊强烈建议分析师们不要只看重那些显而易见的选择，如买进沃尔玛的股票、卖出凯马特的股票。他要分析师们去寻找隐藏的宝藏。在掌管老虎基金期间，罗伯逊引以为豪的事情是他自己尽力了解了非常多的公司。他记忆信息的能力堪称神奇，这也是他与同事有时会发生摩擦的原因。

正是这种不断学习的做法和对价值投资的追求，使老虎基金管理的资产多年显著增长。随着资金量的增大，罗伯逊的投资风格开始从专注于基于股票的直接价值投资，转变为多策略全球宏观投资。他不断培养分析师，成长股也成为他的极佳投资方向。如果分析师对增长的判断是正确的，那么成长股的表现将非常出色。这些股票可能会有那么一两年表现不佳，但如果它们是真正的成长股，那么它们会随着时间的推移继续成长。

大多数人对投资或投资策略不太了解。然而，随着技术不断发展，更重要的是，随着互联网的兴起，许多人认为投资的竞争环境已经趋于公平。在过去的六七年里，全美的男女老少或通过收看节目、或通过登录网页来买进卖出，投资已成为美国全国性的一种消遣。大多数人认为这很好，许多人认为这很有趣，但也有人认为这很可悲。

在华尔街或任何地方，最难回答的问题之一是：怎样才能成为一名优秀的投资组合经理？在全世界几乎每一座城市，每天都有成千上万的人试图在办公桌后和小隔间里寻找这个问题的答案。最简单的答案就是业绩数据。但如何评估业绩呢？你必须想出一种计算方法，配合交易时间段来研究。然后，你需要回答一个更难的问题：过去的好表现能保证未来的好结果吗？

可以明确的是，答案是否定的。原因很简单：没有两个市场是完全相同的。在大多数情况下，历史不会重演，因此，那种认为可以通过观察已发生的事情来了解明天会发生什么的想法，是绝对荒谬的。让一位基金经理表现得比下一位更好的，是多种技能的组合，而不是系统。这就是为什么罗伯逊和他的团队无论市场状况如何，表现都如此出色的原因。他们了解如何寻找和发现价值，更重要的是，他们了解价值。罗伯逊和他的团队超越了趋势，真正既看到了树木也看到了森林，因为他们知道要寻找什么，也知道如何去寻找。

然而，这种投资方式在过去几年已经不再流行。在牛市期间，每个人都是明星。似乎无论他们做了什么、怎么做的，各种类型和投资规模的基金经理都做出了正确的决定，并为他们的投资人赚到了很多钱。但在牛市过后、科技泡沫破灭之后，要从股市获利变得万分困难，大多数人都以失败告终。基金经理们再也无法一大早买入一只科技股，或投资首发股，然后在午餐前就赚个20%。

在20世纪90年代后期，投资热门股赚钱非常容易。如今要通过这么做来赚钱，非常困难。如今，最困难的地方在于需要先知先觉，要在其他人懂得买进之前就买进，而不是跟风买进。于是，挑选引领的龙头股就永远都会非常重要。华尔街一直如此，而且非常活跃。虽然有些在校的学生已经不这么操作，但无论市场条件、情绪或情况如何，华尔街的人始终奉之如圭臬。

要找到引领的龙头股非常困难。没有人可以永远找对股票，大多数的人连一半的时间都做不到。因此，基金经理要做的就是千方百计从各种来源获取信息，跟这个朋友谈，跟那个朋友聊；有时候是先听一个人提供的线索，接着转到另一个人提供的线索。关键是信息的获取。基金经理的职业生涯成败取决于其获取、收集和处理信息的能力。罗伯逊一生都明白这一点，并主动利用这些优势，所有的小虎队成员也都在使用这种方法。他们了解信息的价值，更重要的是，他们了解如何利用所获得的信息从市场中获利。

归根结底，在华尔街很少有原创的想法。大多数的人都害怕提出原创概念，如果他们没听说有谁正在尝试这样的概念，或者持仓前他们没有与其他人审核讨论，他们更是不敢拿资金来冒险。当然，大多数人自己埋头做自己的研究，但除非一而再再而三地检查过信息，否则即使是最优秀的基金经理也不会投入资金。市场和业绩太重要，肤浅的研究风险太大，不能只因为"觉得"可行，就把资金投进去。成功的基金经理希望将资金投入他们确信"会"奏效的交易中。

有数以万计的人称自己为基金经理。这些人管理着对冲基金、共同基金、自营交易柜台资金和其他种类的资金。在华尔街，赚钱的方法有很多；在管理资金方面，更是如此。每个人都有选股或预测利率的想法和系统，他们都觉得自己能从市场中获得更多的收益。

康涅狄格州爱基山资本的基金经理保罗·王表示："根据基金经理的所作所为或做事方法简单粗暴地把他们进行归类，是绝对荒谬的做法。两个看重价值投资的人，可能想法相似，做事情的方法也相似，但因为他们都是人，他们的决策过程会完全不同，他们处理信息的方式以及得出的结论也不会完全一样。"

罗伯逊形容自己是一个典型的A型人，非常亲切，非常和善，但愿意不惜一切代价赢得胜利。K2顾问公司的戴维·桑德斯刚加入老虎基金时，他的一位前任告诉他，在老虎基金工作就像坐过山车：起初，他会被吹捧上天，被认为是公司的重要资产之一；慢慢地，在公司工作了3~6个月之后，他会很自然地变成"一条狗"；如果他能努力跃起，那他就有机会跟罗伯逊站在一起，也将决定他能在老虎基金待多久。桑德斯说："那人告诉我，我将从优秀人才变成地球上最糟糕的人，这是不可避免。但他还说，这不只是会发生在我身上，而是会发生在每个人身上。老虎基金就是这样一个地方，这也是它的运作方式。"

那些无法摆脱困境的人觉得该辞职并寻找其他机会了。对于那些人，罗伯逊会很积极地找出他们的弱点并加以利用，直到他们别无选择，只能离开公司。这有点像如果你哪里痒痒，然后你就一直挠，痒痒包会变得越来越大，直到最后出现感染，你就再也无法忍受了。最终，你需要找医生来治疗。治疗的方法是离开老虎基金。

尽管辞职很艰难，但桑德斯说离开公司最困难的地方是要离开那些同事。他说，大多数人真的觉得自己是团队的一员；所有人，无论辞职的情况有多糟糕，他们都钦佩并崇拜主教练。可见罗伯逊经营的对冲基金多么成功。对冲基金毕竟是华尔街的立足之地，过去是，现在是，将来也是。

过去50多年里，对冲基金的确在市场上发挥了重要的作用，但我个人认为，对冲基金永远不会取代投资界顶尖人物的地位，而成为华尔街最重要的投资工具。很明显，对冲基金行业背后的人是最优秀和最聪明的人，但对冲基金并非让他们成为最重要的人的原因。归根结底，规模很重要，而对冲基金，无论它们如何引领潮流，都永远不会像大型共同基金那样汇集那么多的资产。这也是我们可以从老虎基金学到的教训。

对冲基金有两个弱点限制了其对公众的吸引力。首先，由于对冲基金行业没有像共同基金行业那样，有标准化（规范）报告的要求，所以，无论他们怎么说他们的数据库有多么的透明，都没有人能够真正追踪对冲基金的业绩和资产。虽然著名的共同基金跟踪服务商——晨星公司——最近宣布，将开始追踪对冲基金，但如果没有强制性的报告，该数据库的价值不会太大。其次，无论有多少产品被强加给散户和机构投资者，无论国会和证券交易委员会在政策方面收紧的程度如何，无论散户多么想投资对冲基金，对冲基金都永远无法冲淡共同基金、养老金计划和普通储蓄账户的作用，因为大众不愿意关注对冲基金，也不愿意花时间了解对冲基金的运作方式来进行投资。这些弱点意味着对冲基金在规模和范围上永远无法与共同基金匹敌。

在撰写本书时，最大的股票型共同基金是先锋旗下的 S&P 500 指数基金，管理着超过 940 亿美元的资产；而最大的固定收益型共同基金是太平洋投资管理公司旗下的总回报基金，到 2003 年底管理着 730 亿美元的资产。第二大股票型共同基金是富达旗下的麦哲伦基金，管理着近 680 亿美元的资产。相比之下，最大的对冲基金综合体（综合体意味着不止一只基金）在 2003 年初管理着 200 亿美元左右的资产，其中最大的股票型对冲基金管理着约 25 亿美元的资产，最大的固定收益型对冲基金管理着 40 亿美元的资产。

先锋和富达分别管理着近 6 750 亿美元和 9 550 亿美元；最大的对冲基金跟这些公司的资产负债表上的数字相比，简直是九牛一毛。在我看来，再多的监管或营销都不会改变这一点。

罗伯特·博奇说："老琼斯对对冲基金的影响显然很重要，它对金融服务市场产生了重大的影响，但远不及先锋集团约翰·博格在创建指数型基金时所做的事情。他凭一己之力改变了人们在美国投资的方式，降低了投资门槛，让几乎各行各业的人都能真正投资，并拥有美国和资本主义宏图伟业的一部分。"

有些人会说，随着法律的改变和法规变得更人性化，对冲基金行业将会慢慢发展。然而，许多行业观察人士认为，成长了的基金并不是真正的对冲基金。它们是另类的投资工具，可能代表对冲基金行业的一个细分市场。随着市场的细分，对冲基金变得越来越流行和主流化——一些人认为对冲基金的优势正在渐渐失去。

当涅槃乐队和REM乐队在《公告牌》排行榜上排名第一，并参加凯西·凯塞姆的《Top40》节目时，他们已经不是另类摇滚，而是主流。"对冲基金"的情况也是如此，因为它们已经成为主流。

在过去10年里，华尔街一直在讨论着对冲基金。无论是在鸡尾酒会、生日派对、市场推广活动中还是在投资会议上，每个人都在谈论这些所谓的另类投资工具。

对冲基金是投资伊甸园里的禁果。来自各行各业的各种背景的人都对对冲基金感兴趣——对冲基金都做些什么？怎么做的？我觉得这很发人深省。为什么人们会关心？为什么这些投资如此重要，以至于人们如此感兴趣？

这种永不满足的欲望可以追溯到20世纪90年代中期的两起事件。第一起是亚洲禽流感和随之而来的被归咎于索罗斯的亚洲经济危机，第二起是俄罗斯的违约及俄罗斯在长期资本管理公司的濒临崩溃和随后的救助中所扮演的角色。

对冲基金，尤其是索罗斯的对冲基金，在1997年夏天成为亚洲糟糕经济政策的替罪羊。当时的马来西亚总理马哈蒂尔·穆罕默德说："有一位外国金融人士正在扰乱货币以追求自己的政治议程。"马哈蒂尔总理从未提及索罗斯，但索罗斯公开说明他"有责任攻击货币"，因为他反对缅甸加入东南亚国家联盟（东盟）。

马哈蒂尔总理在日本旅行时说："我们想问，这只是为了赚钱而进行的投机，还是有别的什么目的？我们觉得，还有其他目的；特别是这个人，更可能如此。"

"如果他们想攻击英镑，想做，那就去做吧，因为英国很富有。但马来西亚是一个贫穷的国家，像他们这样来玩弄我们的货币，进行投机，是不对的。"

索罗斯基金会和开放社会研究所这两个慈善组织，一直试图在缅甸和其他地方促进"民主政府进程"，当时如此，现在依然如此。索罗斯曾公开反对不必要的缅甸之旅，因为他相信那里的军政府——"国家恢复法律和秩序委员会"——通过强迫劳动来建造旅游景点和酒店。

1997年夏天，肖恩·帕蒂森反驳马哈蒂尔时说，那两个慈善组织和运营对冲基金的索罗斯基金管理公司之间"没有任何联系"。

帕蒂森说："我可以看到误解是如何产生的。因为索罗斯先生一直非常直言不讳地敦促泰国和马来西亚政府不要让缅甸加入东盟，他还认为极权专制的政权对该地区的繁荣和稳定构成威胁。"

12 老虎基金留给世人的经验

虽然有索罗斯的反对，缅甸还是被东盟接纳了。他认为，政府正在运行的经济体制对缅甸来说是一场灾难。尤其是缅甸没有货币储备，而且货币的价值完全是人为的，这使缅甸政府有机会在政府核心圈子内偏袒自己人，而且，这是以损害普通民众利益为基础的。例如，任何有权以官方价格购买汽油的人都可以将其转售给没有如此特权的人，并可以此为生。索罗斯认为这是一种完全腐败的政权。由于索罗斯对当时的时事发表了自己的看法，因此，人们将席卷该地区的禽流感也归咎于他。目前还不清楚他是通过做空货币还是通过其他方法来获利。

这位出生于匈牙利的投资者因其全球宏观投资而登上头版头条，这并不是第一次。1992年9月，索罗斯也因摧毁英格兰银行登上了头版头条。而现在他又故技重施。马哈蒂尔总理没有意识到的是，他声讨索罗斯和对冲基金反而助长了世人对该行业的兴趣。

从1995年到1998年，这三年里似乎每个人都在创办对冲基金。在此期间，牛市开始显示出即将突破的迹象，经纪人、交易员、共同基金经理和各种规模的市场参与者都能嗅到钱的味道。对冲基金的时代已经来临。在华尔街取得成功的最快和最简单的方法之一是创建对冲基金。关于华尔街，有一个非常重要的事实：没有人觉得他们已经赚到了足够的钱。每个人都想得到更多，并且一直在寻找方法去得到更多。当有人厌倦了老板、低额奖金或讨厌的工作时，他们会去对冲基金行业试试。在20世纪90年代中期，情况显然如此。今天依然如此。

纽约一家会计师事务所高士坦·古勒博·凯斯勒的合伙人彼得·特斯塔福德就感慨道:"那是个奇怪的年代。在那十年的初期,对冲基金并不重要,人们事后想到的东西才重要。然后,突然间,人们开始对对冲基金感到兴奋,我们都还在纳闷,似乎每个人都想方设法要钻进这个行业。"

与共同基金和个股不同,没有正式的报告机制或交易所来监管市场上有多少对冲基金。许多数据库服务商和顾问确实就对冲基金的数量以及关于业绩和所管理资产的评论提供了不同质量的建议,但在大多数情况下,这些信息都是猜测。特斯塔福德说:"要监管这个行业是不可能的,因为没有人真正知道在任何给定时间,有多少资金存在,有多少资金在运作。"

2003年5月,在美国证券交易委员会的对冲基金圆桌会议上,主席威廉·唐纳森在会议上开宗明义地指出,美国有5 700多家对冲基金公司,管理着大约6.5亿美元的资产。然而,许多密切关注该行业的人认为,当前随时有2 500~3 500家"真正"的对冲基金公司在运作,它们在全球范围内总共管理着2 500亿~7 500亿美元的资产。

1998年夏末秋初,随着俄罗斯和亚洲危机的影响逐渐显现,对冲基金市场几乎枯竭。有关长期资本管理公司的实际亏损和潜在亏损的消息,震动了全球的金融市场。约翰·梅里韦瑟与他的由诺贝尔奖获得者和火箭科学家组成的团队撞上了南墙——更确切地说,像陨石一样撞上了墙。罗杰·罗文斯坦写了一本关于长期资本管理公司兴衰的必读书——《营救华尔街》。

12 老虎基金留给世人的经验

从对冲基金经理的角度来看,这次崩盘的有趣之处不在于它威胁要摧毁世界经济,而在于它让对冲基金重新回归大众的视野,虽说这次回归并不光彩。在崩盘之前,对冲基金已经很反常,而媒体却很少报道。媒体只谈论三个大咖——索罗斯、斯坦哈特和罗伯逊。

斯坦哈特合伙基金的迈克尔·斯坦哈特于1994年首次遭受重大损失(近10亿美元),并全年以损失告终,这是他运营历史上的第一次。此次损失源自他在欧洲债券市场的交易出现了一个严重的错误。但在1995年,斯坦哈特决定关闭他自己的基金,因此媒体又少了一个报道对象。1995年,斯坦哈特合伙基金的业绩涨了20%以上。如果投资者在他的基金诞生时将1美元投入,并一直持有至27年后关闭之时,那么该投资将增长到462.24美元。在同一时期投资S&P 500指数1美元,价值只涨到17.06美元。

大众仍然对索罗斯感兴趣,因为他在亚洲跟一些政府对着干。对罗伯逊的兴趣,则是来自他提供的令人难以置信的业绩数据(1997年涨了56.1%,而S&P 500指数只涨了33.4%,MSCI指数只涨了15.8%)。然而,到1998年,只剩下两位大咖了。斯坦哈特1995年退休之后,媒体对他的报道就很少了。唯一一次对对冲基金的报道,是关于基金经理赚了多少钱的年度报道。

但多亏了长期资本管理公司,对冲基金1998年9月在全球报纸上又成了头条新闻对象。当时有人泄露了一封信,信中称约翰·梅里韦瑟已向投资人写信，要求追加资本，以"充分利用这种异常有吸引力的市场环境"。他还要求投资人保持耐心。

梅里韦瑟需要资金来满足追加保证金的要求，并且正在经历典型的现金流不足的情况。他相信，新资本的注入将能为该公司争取足够的时间，直到市场转向。这与房主希望从朋友或亲戚那里挪一些钱来支付按揭贷款并没有什么不同。

梅里韦瑟认为，缺乏现金流是唯一妨碍该公司表现并使其面临金融危机的因素。长期资本管理公司的人认为，如果他们能堵上所有的漏洞，他们就能争取到时间，交易将对他们有利，而不是不利。他们需要的只是现金流。

长期资本管理公司基本上需要一个有钱的大叔来帮助渡过难关。随着时间的推移，事实证明梅里韦瑟是对的：伸出援手的人不仅拿回了本金，还获得了投资回报。似乎唯一没有从公司得到任何东西的人是公司获救后大幅减仓的初始投资人。

在梅里韦瑟的案例中，伸出援手的不是美国山姆大叔，而是华尔街大叔。9月，在竭尽全力寻求资金注入和帮助后，梅里韦瑟向美联储申请救助。时任主席的戴维·姆林斯召集华尔街的"大佬"们来讨论这家大型对冲基金公司的命运。自近100年前摩根大通的时代以来，华尔街最聪明的大人物们还没有在一个房间里聚过，而其目的是要拯救一家金融机构以及他们自己。

我们都知道，那是真正令人绝望的时刻，需要采取令人绝望的措施。当时的消息是，高盛和美林向长期资本管理公司提

12 老虎基金留给世人的经验

供了巨额保证金贷款,连美联储都担心如果该基金被清算,华尔街两个最强大的大咖可能会破产。如果对冲基金无法满足追加保证金的要求,会立即被强制平仓——在大多数情况下,是以甩卖价格出售。并且,在大多数情况下,灾难以基金公司的倒闭告终。不过,美联储显然担心,如果长期资本管理公司倒闭了,最后一幕看起来更像是圣经上描述的索多玛和蛾摩拉的末日,每个人都会被烧死。

许多人仍然对美联储精心策划的救助计划感到不舒服。当然,问题是,为什么长期资本管理公司会受到这种特殊待遇?我本人不认为媒体对此进行了足够彻底的探讨。14家公司承诺向规模超过 35 亿美元的长期资本管理公司提供 1 亿~3.5 亿美元的资金,以使其能够支付追加的保证金,并覆盖运营费用。还有另一个问题是,为什么需要实施救助?是因为该基金规模太大而不能倒闭,还是因为太多"知情"人对该基金投资过多而不想他们的投资产生损失?

没有人确切知道损失到底有多大,但有人估计,如果对长期资本管理公司进行清算,可能会从全球市场上抹去超过 1 万亿美元的价值。

1999 年初,长期资本管理公司的命运开始发生转变。该基金的财务报表显示盈利,并宣布将开始向救星们还钱,至少把本金返还给它们。在救助计划进行不到一年时,梅里韦瑟宣布他将关闭长期资本管理公司,并启动新的投资工具。到当年的初秋,长期资本管理公司已经返还了接近 75% 的救助资本,还宣布"投资组合状况良好",风险已降低近90％。

援助的部分条件是,长期资本管理公司只有在偿还了90％的贷款后才能运营新基金。到2000年3月底,大部分资金已经偿还。到年底,梅里韦瑟开始通过JWM合作伙伴运营新的对冲基金。他的目标是获得超过10亿美元的资产,但他的触角又一次超出了他的能力范围。

2001年2月,管理基金协会年度联络会议在迈阿密南海滩召开,梅里韦瑟在会上发表了讲话。他提倡必须要有透明度,投资人在购买基金时必须了解他们在做什么。我相信这是他自救助以来第一次公开讲话,其内容也真的很有趣。有史以来最隐秘的基金经理之一,大谈特谈透明度的必要性,真是振聋发聩。自长期资本管理公司成立以来,梅里韦瑟和他那有如脑外科手术医生那么高明的团队一直对他们的操作高度保密。他现在提什么交易的透明度?好吧,确实有所不同。长期资本管理公司的倒闭导致对冲基金行业的繁荣戛然而止;现在看来,梅里韦瑟对透明度的呼吁是在迎接一个新时代的到来。

尽管如此,有些人却另有想法。《纽约邮报》援引一位人士的话称:"也许他在阳光下晒得太久了",因为那一周迈阿密的气温约为30℃。另一个人说,梅里韦瑟的演讲只不过是"一个绝望的人的绝望行为,他渴望重新回到聚光灯下,而这个行业更想将他遗忘"。

随着时间的推移,梅里韦瑟对透明度和开放性的呼吁被证明是对的。在后长期资本管理公司时代的喧嚣中,对冲基金行

12 老虎基金留给世人的经验

业遭遇了几次挫折。首先,由于所有的负面报道,许多机构投资者为了保护自身,决定应该将资产从对冲基金转移到更保守的投资工具上,如共同基金。然后,随着互联网泡沫的破灭,许多对冲基金巨星发现他们只不过是一些高薪股票经纪人,根本无法应对动荡的市场。

请记住,对冲基金运作成功的关键是"让客户保持富有,而不是让他们变得富有"。如果基金经理所做的只是根据当天的消息来评估股票,那他们很难完成任务,因为一旦出现利空消息,股票就会跌入谷底。基金经理需要更多的投资策略,而不仅仅是跟风购买其他人都在购买的股票。许多在牛气满满的时代扩张起来的对冲基金,在市场转为熊市的时候就无法应对,不得不缩头缩尾。

玛瑞纳投资集团是纽约的一家对冲基金综合体,管理着超过45亿美元的资产。董事长威廉·迈克尔切克说:"从事资金管理业务的问题在于,无论市场状况如何,每个人都希望你能做好。当你的业绩比大盘好,并超过自己的基础时,大量资金就会涌入。当你只做到超过基准几百个基点时,投资人会看着你说:'不怎么样啊?'"

如果对冲基金经历了一两年的糟糕表现,它们在收取费用方面将面临较大的困境。大多数对冲基金都有一条"高水位线",规定只有在投资人拿回原始投资金额之后才会收取激励费。因此,如果基金在第一年亏损,即在投资人收回所有原始投资金额之前亏损,基金经理就无法收取激励费。从基金经理的角度来看，这样做的问题是，如果该基金在第一年亏损20%，而在第二年赚了20%（依照任何标准衡量，这都是良好的复苏），基金经理仍然不能赚取任何费用。在这种情况下，要使投资人能拿回原始投资金额，需要25%的回报。这就是为什么有些基金经理常常铤而走险，有时甚至是冒着致命的风险。

但罗伯逊让他的小虎队做了更好的准备。随着21世纪初市场的起起伏伏，各种类型、规模、策略和风格的基金纷纷推出。似乎每个人又都想参加对冲基金的游戏。接管了公园大道101号办公室的小虎队也运营着某些基金。此时，市场经历了互联网泡沫破灭后刚开始反弹。然而，一年后，这个行业再次陷入混乱。许多基金经理再次遭受巨大的损失。S&P 500指数在2002年收盘时下跌了近23%，而有些对冲基金的跌幅高达30%甚至35%！随着数据不断披露，许多投资人和第三方营销机构开始发声："这些人是搞对冲的？"答案是他们没有搞。他们还没有掌握罗伯逊灌输给他们的对冲策略。于是，许多基金公司纷纷合并，许多基金公司关闭，许多基金经理悄悄躲藏。

2003年初，媒体和一些金融机构估计，约有6 500家对冲基金公司正在从机构和富人那里获取资金。到年中，同样的一些人说，1 000多只基金已经关闭、正在关闭或即将关闭。市场已经让低劣的基金出局。对冲基金经理这碗饭不是每个人都可以吃的。

在长期资本管理公司崩溃又复苏之后，许多基金经理和投资人都想进入对冲基金行业。但问题是，社会上的资金就那么多，而要抢这些资金的人很多。2001年和2002年，对冲基金从业人员超多，于是导致超买，最终导致超卖。许多创办基金的优秀人士发现，基金虽然建立起来了，但从没有投资人光顾。

一位要求匿名的创业基金经理说：

> 我的律师、会计师和主要经纪人在我推出基金时都忘记告诉我的唯一一件事，就是：筹集资金非常困难。在资金管理方面，我是大厨兼刷盘子的；在筹集资金方面，我也是大厨兼刷盘子的。真的非常非常艰难。似乎所有人都在争夺投资资金。在这种环境下，没有人愿意把赌注压在华尔街新手身上。

然而，那些科班出身的人似乎没有什么可担心的。对于那些拥有老虎基金魔法光环的人来说，钱似乎很自然地就出现在他们的账号里。大多数小虎队成员都安然度过了市场的狂风骤雨。投资人也在努力寻觅他们认为优质的管理公司，于是大多数人管理的资产迅速增加。罗伯逊的声誉在那几年保持得不错。

在2003年和2004年，对冲基金行业继续发生变化。对对冲基金经理进行监管的呼声越来越高，整个行业似乎都在观望会出台哪些监管措施。此外，在过去几年中，华尔街如雷贯耳的大公司都加入了对冲基金的游戏。曾有一段时间，经纪人似乎只对向对冲基金提供执行和清算服务感兴趣。随着股票市场的枯竭，投资者发现债券过于复杂，经纪公司和经纪人都将对冲基金视为可以在任何市场条件下出售的东西。

对冲基金传统上只对高净值投资者和机构开放，但大型经纪公司却为了对抗华尔街的萎靡不振，向初阶富裕客户和真正富裕的客户推出对冲基金。它们的财务顾问需要向客户销售产品，当市场连续三年下跌时，传统产品就不起作用了。对冲基金为客户提供了一些新的、不同的东西——而且是自20世纪40年代后期发明以来就被禁止的东西。

大多数电子化经纪公司和地区经纪公司都有某种对冲基金或对冲基金公司旗下的基金——要么正在筹建，要么已经上市。2004年，普通投资者只要有25 000美元就可以投资对冲基金，或者更可能是对冲基金公司旗下的基金。问题是，许多对冲基金经理忘记了最重要的事情——如何对冲。在纽约的对冲基金综合体财务投资公司的总裁兼基金经理戴·杰克博斯说："对冲基金的理念是在糟糕的市场中保护资产，并在良好的市场中获利。"

许多人认为，如果操作得当，对冲基金可以成为普通投资者利用投资专业知识的一种方式，否则他们只能在书本上了解这样的投资方式。对冲基金的这种平民化趋势，使普通投资者也能够从理论上脱离传统的股票和债券投资组合，开始转向与主要市场走势无关的策略。这在市场下跌时会限制损失，并在市场上涨时实现收益（即使是较小的收益）。然而，随着主要市场的反弹，理财师、经纪人等可以再次出售传统的、只做多头的产品，对冲基金可能再次退居二线。

很难想象有什么人可以年复一年地保持出色的表现而不会不时出错。毕竟，他们都是人。是人，就会犯错。

对于大众表现出来的对对冲基金的兴趣，罗伯逊评论道："对冲基金的巨大优势在于以下两点：（1）你可以在市场上下起伏时两头都赚钱，你不会在市场下跌时无所事事；（2）你应该感到些许安慰，因为几乎所有基金都是由那些将自己的大部分资本投入基金的人经营的，所以，他们可能从20％中获得最大的收益，也有可能损失一切。"

"我还认为，从对冲基金行业中能够赚取的回报，将吸引人们远离银行和共同基金那样的传统业务。"

然而，市场上出现的问题源于供求关系。大多数有良好业绩记录的基金都不再向新投资者开放，而许多开放的基金规模不够大，无法从机构投资者那里获得资金。

罗伯逊说："很难把钱投进真正优秀的对冲基金。要把10亿美元投进优秀的对冲基金，几乎不可能。我认为可能会出现的情况是，你会明白一条逆向选择定律：优秀的人碰不上，你能碰上的都是些没有才能的人，没有人会向那样的人投资。"

最终，罗伯逊在老虎基金营业期间向整个对冲基金行业传授了很多知识——不仅通过他的价值投资哲学和他出色的业绩记录。他导致老虎基金垮台的战术错误也是后人必须学习的地方。多年来，大家越来越清楚地了解到，能够在各种市场环境下经受打击的优秀基金，比那些只顾着追逐资金投入的基金更容易获得成功，并保持成功。

罗伯逊说:"今天,我的人都离开了。他们都意识到,我们所犯的错误就是:我们的规模变得太大了。我一直认为,如果你有能力跟上资金的步伐,那么你的规模多大都没有任何影响。但问题是,我多少忽略了这一点:自助餐桌变小了,可供选择的东西也不多了。但为了做有意义的事情,我们不得不购买大量公司的股票,然而,能够让我们大量购买且流动性强的股票却很少。"罗伯逊认为,许多优秀的对冲基金经理都意识到了这一点,这就是他们不吸收新投资的原因。这又是罗伯逊传奇的另一部分。在很大程度上,那是他通过建立史上最成功的对冲基金而得出的经验。另外,他还用老虎基金的利润建立了大型慈善组织,还在新西兰建立了度假村。这部分故事将在下一章介绍。

罗伯逊认为,他在该行业留下的传奇是他在老虎基金所创下的纪录和帮助他创下纪录的人。

他说:"有位记者来找我,说他正在研究25位最佳基金经理的故事,其中8位是从老虎基金走出来的人。我们在这个行业拥有这么多优秀的人才,而且我们还有一批新的人才,他们开始在市场上站稳自己的脚跟,并且有着出色的业绩记录。这些加起来,就是我们的传奇故事。"

13

兼济天下

　　罗伯逊鼓励老虎基金的员工用对待潜在投资机会的敏锐眼光来对待慈善项目和组织，对他们要捐助的资金做出有根据的、经过深思熟虑的决策。这与他们做出投资决策没有什么不同。

　　回馈社会是华尔街的共同主题。自人们在曼哈顿下城开始买卖证券赚钱以来，他们似乎也花了相当多的时间和金钱来回馈社会，希望帮助那些较为不走运的人，来让世界变得更美好一点。

　　让世界变得更美好，这样的话对罗伯逊和他的同事来说并不陌生。他们花费时间、耗费金钱来回馈社会，这对他们来说似乎与管理资金一样自然。多年来，罗伯逊和家人，还有前同事，为世界各地的组织捐赠了数千万美元。罗伯逊和同时代的搞对冲基金的人不同，他似乎给予了那些几乎没有引起关注的组织和团体帮助。他的慷慨被公众点名表扬，也不乏为他歌功颂德的文章，但他的善举似乎更像是一只无形的手，而不是为了博得虚名。

在对冲基金界，善用投资所得的财富回馈社会源于阿尔弗雷德·温斯洛·琼斯。老琼斯夫妇非常热衷于帮助纽约和其他地方的慈善组织。他们在让纽约变得更美好这一方面起到了重要的作用。

老琼斯把对冲基金当作赚钱的工具，是为了做其他的事情。作为商人，他对市场或个股并不是特别感兴趣，他更感兴趣的是利用对冲基金赚取的利润来养家、回馈社区，并在华尔街之外发展自己的兴趣。受老琼斯积极参与社区工作的影响，很多之前与他共事的人目前仍非常积极地参与社区和艺术项目。对不少人来说，老琼斯的传奇在于他创造了对冲基金，但也有一些人认为他真正的传奇应该是这样一个事实：他成功运营了对冲基金，而且将大量时间和金钱贡献给了慈善机构。

老琼斯夫妇深入参与的项目之一是"亨利街定居点"。老琼斯在国外旅行时被亨利街定居点所做的事情吸引。在他的多次旅行中，他听到了一些人对美国人的批评，这些人说美国人很乐于帮助其他国家的人，但在帮助自己人方面却做得很少。亨利街定居点由莉莲·沃尔德于1893年创立，其目的是想帮助人们过上更好的生活。该项目提供的服务范围包括向无家可归的家庭提供过渡性住房，建立精神健康诊所、老年服务中心和社区艺术中心。

老琼斯的儿子托尼·琼斯是亨利街定居点的董事会成员，

他的妹妹黛儿·琼斯是总裁。他们共同努力，经常向对冲基金经理介绍亨利街定居点项目，希望提高公众对亨利街定居点项目的认识，并利用对冲基金赚取的部分利润来回馈社会。

资金管理界和投资界几乎每个角落都有慈善活动。世界上最优秀、最有影响力的一些慈善家都是华尔街的前巨头。像艾斯·格林博格、桑迪·威尔和约翰·缪黑伦仓，他们早已将回馈社会作为他们业务的重要组成部分。

多年来，华尔街一直非常积极地为社区提供帮助。不少公司甚至强迫员工在艺术、教育等许多方面做出贡献，这也被传为美谈。像贝尔斯登这样的公司已将回馈社会作为运营的重要组成部分。一些员工甚至表示，他们认为，由于自己的慷慨付出，自己也都因此获得了回报。

在贝尔斯登，许多员工别无选择，必须将年收入的特定数额捐给某些慈善组织。高层人士非常重视回馈社会，如果员工不想捐钱，公司就运用其权力为员工做决定。这样的员工还可能因他们缺乏兴趣而被惩罚。

有人说，这种"强迫捐款"并非无私之举，它更多的是公司的一种功能，而不是员工内心的一种体现。这样的做法已经成为传统，贝尔斯登的许多前合伙人和前员工也将慈善捐赠作为自己成立的新公司的规定的一部分。除了培养出新的投资银行家、基金经理、经纪人和交易员，贝尔斯登和华尔街其他一些大公司也培养出了慈善家。

这种慷慨背后的理念似乎是，因为华尔街对这些人实在太好了，所以这些人需要分享他们在华尔街获得的财富。虽然许多人的捐款纯粹源于华尔街为他们创造的财富，但还是有许多人认为，捐赠给医学、艺术和社区项目的资金，有很大一部分是追求更高人格的体现。

许多人认为，存在于交易所、投资银行柜台和交易台的竞争已经蔓延到慈善界。这些宇宙级的交易巨鳄已经从所管理资金规模最大、最聪明的交易员、经纪人或投资银行家变成了卡内基音乐厅、林肯中心、大都会艺术博物馆，以及医院和大学的最重要的捐赠人。纽约的慈善机构，世界上许多主要金融中心和城市，也已经成为一种暗中角力、向世界宣告自己丰功伟绩的竞技场。

纽约某大型慈善机构的计划捐赠办公室的一名职员说："瞧，用自己的名字来命名建筑物或项目，是展示个人成功的最佳方式，其他方法绝对不能比。一旦某人用自己的名字来命名某座建筑物或某个项目，公众会立即知道捐的钱数是多少、谁捐的、此人如何如何。不过，这对我们来说是好事，因为我们拿到了捐款，可以用它做些好事。同时，我们可以把某次捐赠当作事儿来说，要求同行业的其他人捐赠，希望他们也能捐出同等数额的钱，让我们的项目获得更多的资金。"

应该实事求是地说，不少人给项目捐款并不是因为他们希望得到虚名。许多人这样做是因为他们确实想让世界变得更美好。其中之一就是索罗斯。在过去十年的大部分时间里，索罗斯做出了重大承诺，例如，重建东欧，资助其他项目，以期让世界变得更美好。他确实捐赠了数亿美元，以教导人们帮助社会改革者，这些人希望通过开放社会研究所来支持独立媒体、重建教育项目、支持民主，使他们的社会更加开放。根据纳税记录，仅2001年，索罗斯就向开放社会研究所捐了超过1.5亿美元，该研究所向世界范围的个人和组织提供了总计1.39亿美元的赠款。

索罗斯显然将回馈华尔街的概念提升到了一个新的高度。华尔街也好，其他任何社区也罢，几乎没有人像他那样帮助了世界各地的那么多人来教授、学习和创造民主。他做了一件很了不起的事情。他的这些作为，为其他希望建立有如他的公司这样的组织的对冲基金界人士，在专业和私人领域都设定了极高的标杆。索罗斯在政治方面也不袖手旁观。在2003—2004年美国总统大选过程中，他捐了1 000多万美元来击败乔治·沃克·布什。击败"布什政策"是他2004年的个人使命。

在捐钱方面，没有人能与索罗斯相提并论，但对冲基金界人士也一直积极地帮助他们的社区并与他们的社区合作——像保罗·都铎·琼斯和罗伯·戴维斯，都把回馈放在了最重要的位置。前者创立了罗宾汉基金会，后者则是对冲基金关怀的主要力量。他们两人一起筹集了数百万美元来帮助世界各地的人。罗伯逊和他的小虎队也都积极参与了这两个团体的活动。一般的基金经理通常会被认为是无情的交易员、经纪人和投资者，但这些人不是一般人，他们已经将回馈作为生活的重要部分。

多年来，罗伯逊和老虎基金的许多人都为艺术、教育、无家可归者和医疗保健事业慷慨解囊。和在贝尔斯登的同龄人一样，罗伯逊将回馈作为老虎基金核心理念的基石。在过去的20多年里，老虎基金的人几乎向纽约周边的所有组织都捐赠过了。

罗伯逊认为，他多年来观察父母对社区的贡献，也学会了这种慷慨。他用来开展慈善事业的工具之一是老虎基金会。该基金会是他和多位同事在1990年一起成立的，目的是"为顶级非营利组织提供财务支持，以资助纽约市最需要帮助的家庭，并鼓励本公司内部的员工了解情况、积极参与慈善活动"。在运营老虎基金期间，罗伯逊不仅鼓励同事捐款，还鼓励他们付出时间参与其中，并在老虎基金会董事会任职。老虎基金会向那些旨在"打破贫困的循环"的组织提供支持。老虎基金会不与那些"单纯解决表面问题"的项目合作，而是支持那些为家庭"实现自给自足，并建立家庭自我保护机制"提供工具的计划。

罗伯逊鼓励老虎基金的员工用对待潜在投资机会的敏锐眼光来对待慈善项目和组织，对他们要捐助的资金做出有根据的、经过深思熟虑的决策。这与他们做出投资决策没有什么不同。多年来，罗伯逊和他的团队会剖析许多潜在的项目，以确保他们的资金能够正确得到使用，并能真正惠及项目所承诺惠及的人。其做法是真正地了解这些项目，并评估它们是如何运作的、有什么影响以及这些项目提供了哪些好处。罗伯逊鼓励他的团队深入实地，与慈善机构的执行董事会面，查其账簿，与慈善机构的员工、客户或参与者会面，去真正了解他们，以便做出明智的捐助决定。随着老虎基金的蓬勃发展，老虎基金会也蓬勃发展。多年来，罗伯逊和他的团队为纽约市及其周边地区的众多项目捐赠了数百万美元。

如今，老虎基金会仍在努力实现其帮助弱势儿童及其家庭的使命，包括开展预防性项目。尽管老虎基金已关闭，但老虎基金会仍然活跃，许多前雇员还是会定期捐款。根据美国国家收入署 2002 年 11 月的文件，老虎基金会的资产约为 1 200 万美元。其捐赠者包括老虎基金的许多前雇员，他们现在继续经营自己的对冲基金公司，也开始经营自己的对冲基金会。根据美国国家收入署 2001 年的记录，老虎基金会向纽约市及其周边地区的团体捐赠了超过 340 万美元。

老虎基金会支持许多教育、职业、社会服务和青年发展项目，在人们陷入"贫困—领取福利—贫困"这样的恶性循环之前提供帮助。2001 年，老虎基金会向纽约的许多项目提供了赠款，其中包括纽约男孩俱乐部、布朗克斯预备特许学校、亨利街安置住房、多尔基金会、儿童保育公司、青年援助计划和城市儿童基金会。罗伯逊认为，因为钱是在纽约赚的，所以钱也应该用于纽约。罗伯逊觉得，世界上有很多其他地区也需要得到帮助，没有问题，但老虎基金会的钱应该直接用于产生利润的城市。

戴维·桑德斯是 K2 顾问公司的合伙人兼创始人，其公司市值超过 10 亿美元，是基金中的基金。他也是老虎基金的前交易员。桑德斯说："罗伯逊非常喜欢让我们了解各种项目，让我们了解资金的去向以及如何使用。他希望我们能够看到我们可以如何影响他人，以便我们继续捐赠。他会跟许多人谈，会花上一晚上的工夫向我们解释我们的钱是如何花的、用途是什么，还有我们的贡献如何使项目受益。"

桑德斯和一些前雇员认为，罗伯逊的慈善行为深刻影响了他们、他们看待世界的方式以及他们在其中的角色。罗伯逊告诉他们，通过支持老虎基金会和其他类似的机构，他们可以真正帮助有需要的人，而不仅仅是给钱，也不是为了向其他同事或竞争对手炫耀。

1998年，罗伯逊成立了罗伯逊基金会，在回馈社会方面的努力又迈进了一步。该基金会的职责比老虎基金会更加广泛，因为它支持世界各地的项目和议题。根据2002年10月提交给美国国家收入署的文件，它拥有超过3.52亿美元的资产。通过该基金会，罗伯逊夫妇向包括教育、教会和宗教团体、艺术和医学在内的组织进行了捐款。根据提交给美国国家收入署的文件，在截至2001年11月30日的12个月内，该基金会的捐款超过1 890万美元。

罗伯逊的老朋友黛儿·琼斯说："罗伯逊是一个想尽力帮助每一个人的人。我相信这些年来他可能曾对某人说不，但我没听说他拒绝过任何人。他真的很想帮助他人，让世界变得更美好一点。"

2004年初夏，罗伯逊基金会拥有超过5亿美元的资产，其目的就是想让世界变得更美好。根据基金会主席兼当时老虎基金总法律顾问比尔·古德尔的说法，当罗伯逊一家决定支持一个慈善机构或组织时,他们会先寻找可期待的具体结果——这与罗伯逊投资股票并无二致。他们对自己的捐赠有很高的期望。当基金会把钱捐出时,他们期望看到回报。他们觉得有义务希望这笔钱能够产生回报。

古德尔说:"他和他的家人看待我们对基金会的资产的用法,与他投资股市的方式相同。他们要找到的是能够产生影响的想法和机会。他希望看到这些捐款能带来回报。"

虽然罗伯逊知道他不会在财务报表上看到回报,但他确实使用绩效记录来确定这笔钱的拨出和使用都是正确的行为。

罗伯逊一家和他们一些亲密的朋友把捐款项目做了优先排序,然后,在接下来的一整年中,罗伯逊一家会和古德尔一起默契地准备礼物。

其中一个捐款项目是对纽约市公立学校系统的投资。罗伯逊与阳光美国的艾丽·布罗德合作,资助了乔尔·克莱恩关于重新配置学校科系的战略规划活动。这项工作的成果是倡导了特许学校计划,该计划旨在未来几年内在纽约开设大约50所特许学校。

古德尔说:"如果计划成功,乔尔可以将学校作为试点,推动公立学校系统去效仿最佳的教学方法,并有望提高纽约的教育水平。我们的成功就是他们的成功。"

罗伯逊一直是罗宾汉基金会的积极支持者。罗宾汉基金会的唯一目标是消除纽约市和对冲基金社区的贫困问题。很多人慷慨解囊,其中包括麦弗里克基金合伙人李·恩斯利、杜凯恩资本管理董事长兼首席执行官斯坦利·德鲁肯米勒、基夫兄弟投资公司副董事长德克·基夫。

  罗宾汉基金会以其年度盛会而远近闻名,过去曾出席的嘉宾包括杰瑞·宋飞和齐柏林飞艇乐队的主唱罗伯逊·普兰特。在基金会2001年的晚会上,一位竞标者以42万美元的价格购买了一份瑜伽套餐,其中包括一堂由麦当娜和格温妮丝·帕特洛主持的课。另一位匿名竞标者拍下"与泰坦名人共度一年"的活动,每次54 000美元,在一年当中,此人有10次机会与最著名的商界人物共进午餐,其中包括索罗斯、杰克·韦尔奇、巴菲特和鲁伯特·默多克。罗宾汉基金会2002年提交给美国国家收入署的申报文件显示,其向纽约市及其周边地区的项目捐赠了超过4 200万美元。在2004年6月的拍卖会上,一位对冲基金高管以30万美元的代价,获得了与前总统比尔·克林顿以及加拿大左撇子高尔夫球手、2003年美国大师赛冠军麦克·维尔打一场高尔夫球的机会。

  罗伯逊的大部分慈善工作带有私人性质,他最著名的捐款之一可能是他以妻子的名义捐赠给林肯中心的2 500万美元,这是充满惊喜的礼物。林肯中心获得的1 000万美元,是最大单笔捐款之一,已被林肯中心用于创建乔西·罗伯逊基金。该基金支持许多项目,包括"仲夏夜摇摆户外舞会"和"林肯中心音乐节现场直播"系列电视节目。为感谢他的慷慨之举,林肯中心的董事会以乔西的名字命名了喷泉广场。

  林肯中心主席比弗利·西尔斯说,这份礼物之所以引人注目,不仅因为它是林肯中心有史以来获得的最大礼物,还因为它没有限制,这意味着林肯中心可以决定把钱用在哪里,以及如何使用等。

多年来,罗伯逊向北卡罗来纳大学捐赠了可观的资金。他还支持限制汽车尾气排放的立法,并努力改善佛罗里达州的教育体系。

罗伯逊说:"现在我管理的只是我的钱,我的时间怎么用随我。之前,当我管理我合作伙伴的资金时,花这么多时间在这类慈善项目上是不对的。"

他一项比较特殊的捐款是捐了2 400万美元在北卡罗来纳大学和杜克大学设立联合奖学金。有30名"罗伯逊学者"(每所学校15名)可以获得奖学金,他们必须在两所大学上课,并且在每所大学至少住一个学期。

罗伯逊之所以决定设立这项奖学金,是因为这两所大学相距大约9英里(约14.5千米);而除了一场传奇的体育比赛之外,它们之间真的没有太多的互动。他相信,通过鼓励两所大学之间的互动,会形成一个社区,且这个社区的基础不仅仅是年度篮球比赛的输赢。过去几年中,该奖学金项目大受学生的欢迎,因为他们能够就读于美国最好的公立学校之一和全国顶尖的私立学校之一。这个成立于2000年的奖学金项目,是两所大学的首次合作项目,两所学校各获得1 200万美元。北卡罗来纳大学的一位发言人表示,这是学校历史上从在世人士手中获得的最大的一份礼物。

罗伯逊当时说，他之所以设立这项奖学金，是因为他儿子一个就读于北卡罗来纳大学的朋友说起，因为不认识杜克大学的人，该朋友错过了很多东西。他还认为，杜克大学的很多人由于不认识北卡罗来纳大学的人，他们也错过了很多东西。

"罗伯逊学者"一起上课。他们四年内可获得的奖学金总额为10万美元。他们还获得教堂山（Chapel Hill）和达勒姆（Durham）之间的交通补助费、笔记本电脑和带薪暑期实习机会。

北卡罗来纳大学传播系主任迈克·麦克法兰说，学校将在项目运行的第四年评估项目的有效性和资金需求。

奖学金的派发，是根据学生的学习成绩、对公共服务的参与和领导能力。获奖者——"罗伯逊学者"——在一所大学注册并获得本校的学位证书，但会获得一份他们在两所大学学习的证明。

2003年冬天，该奖学金项目平均资助了两所大学的30名大一新生和30名大二学生。项目负责人埃里克·姆林说，该项目将在未来两三年内资助最高达120名学生。

杜克大学2005级的克里斯·保罗说，成为"罗伯逊学者"真是"太棒了"。他说："这不是一个普通的奖学金项目，给你一张支票，然后一切就靠自己了。这真的是将两所大学汇聚在一起的项目，真正将那些不仅想在大学社区中有所作为，还想为改变世界做点什么的人汇聚在一起。"

保罗说，对他来说该项目的一大亮点是暑期实习。2002年，他在亚特兰大的野外环境协会工作。2003年，他计划前往南非，在开普敦从事环保土地改革和国际发展等项目。

北卡罗来纳大学大二学生乔安娜·兰金说，这种经历与她想象的完全不同。她攻读双学位——法语和国际研究。2003年2月，她搬进杜克大学的宿舍，开始体验北卡罗来纳大学以外的生活。她还在南非度过了2002—2003学年的第一个学期，因此适应杜克大学的生活对她来说相当容易。

她说："成为'罗伯逊学者'给了我很多机会，我都不知道从哪里下手。想想看，我是北卡罗来纳大学的学生，但可以享受杜克大学学生能享受的所有好处，包括我的大学电子邮件账户。"她还说，目前该项目还处于初始的实验阶段。随着项目的继续，它会不断壮大，并会"比现在更好"。

这两所大学之间既有学术上的竞争，也有体育上的竞争，篮球赛季时的竞争特别激烈。奖学金项目让"罗伯逊学者"们走入校园，成为校园大使，让人们不要只比较两所大学谁的球队更强，或谁的学术水平更高。这些大使起到了增强社区凝聚力的作用。

除了支持教育，罗伯逊还努力改善环境。他参与了一个活动，要求加利福尼亚州对汽车排放标准进行更严格的立法。

州长格雷·戴维斯于2002年7月签署了一项法案。该法案要求加利福尼亚州空气资源委员会设立一项计划，以"最大限度减少"汽车和轻型卡车的尾气排放，尤其是二氧化碳的排放，并于2009年开始生效。加利福尼亚州是唯一不受联邦《清洁空气法案》约束的州，因为其法案的颁布早于联邦法案。因此，加利福尼亚州可以制定比美国国会更严格的标准。

戴维斯州长在一份声明中说："技术已经有了，经济上也负担得起。很多其他国家也已广泛使用。我们只是要求企业做企业最擅长的事情：创新、竞争、寻找解决问题的方案，并以促进经济发展的方式去做。"

反对该法案的汽车制造商联盟代表查尔斯·特里托说："加利福尼亚州此举是在指责国会。我们的信念是，应该减免针对车辆的税收，以鼓励减少燃料消耗，增加单位油量的里程。"

罗伯逊说，他认为现在是我们停止污染环境并开始改善环境的时候。这样，我们才可以更轻松地呼吸。他认为，现在应该停止将所有这些污染物排放到空气中以免恶化大气环境。他认为，污染物被排放到空气中只是因为汽车公司拥有庞大的游说团体。这些自私自利的人希望在污染空气的同时还能赚到钱。

除了与前员工合作，通过老虎基金会进行捐赠，罗伯逊还与许多前同事合作开展倡议和慈善项目。在罗伯逊与弗吉尼亚大学麦金太尔商学院的合作中，约翰·格里芬就发挥了重要作用。2000年11月，格里芬和其他一些前员工筹集了近100万美元，来纪念罗伯逊。该商学院专门以罗伯逊之名设立了一个最先进的交易大厅，名为"朱利安·罗伯逊资本市场"。它和其他经纪公司的交易大厅类似，配有平板显示器、报价器以及交易和信息软件。这个大厅可供学生当教室，可作为教师进行虚拟研究的实验室。学生和教职员工说，有了这个大厅及所有的技术，相当于在纽约著名的洋基棒球场学习如何打棒球。

罗伯逊热衷的另一项追求是艺术。对于许多事情（包括艺术），他都说自己入行太晚。如今，他以收藏马蒂斯、塞尚、伯纳德、毕加索和迪本科恩的画作而自豪。四十多岁时，当他意识到自己错过了"壮观的物件"时，他开始对绘画狂热不已。

他说："我很晚才结婚。我记得，度蜜月的时候，妻子带我去看了位于巴黎的网球场美术馆，我说'我们走吧，我不喜欢这个地方'。那时候，我真的还没有长大。我现在热爱艺术，我不敢相信我花了这么长时间才长大。"

他在公园大道101号的办公室里挂着的画作，懂点艺术的都能认出来。他的收藏一直是许多展览的焦点，其中包括在北卡罗来纳艺术博物馆展出的五幅画作。很多人参观一般的展览后，通常会疲惫不堪。但那次展览与众不同，"让你大饱眼福而不知疲惫"，而且，参观者有充足的时间来欣赏每件作品。展出的三幅毕加索作品分别是1938年的《戴发网的女人》、1952年的《坐着的女人（红黄背景）》、1943年的《女性头像》。展品还包括布拉克1938年的《圆桌、灰色花瓶和艺术家的调色板》，以及莱热的《活塞》。

多年来，很多人都很欣赏罗伯逊收藏的挂在他纽约公寓和其他住宅的许多画作。其中一位崇拜者是北卡罗来纳艺术博物馆馆长劳伦斯·惠勒。惠勒在拜访了罗伯逊夫妇后，认为他们可以举办一个小型展览，来展示他们所收藏的一些重要作品。

之后，他就把罗伯逊夫妇客厅墙壁上的名画一一取下，举办了一场精美的展览。

在所谓的"退休"之后，罗伯逊就有时间去开展对冲基金以外的许多项目。例如，他在新西兰搞开发。罗伯逊与新西兰的缘分始于1979年他开启他的学术休假时带全家人去了新西兰。1998年7月，罗伯逊在接受查理·罗斯的电视采访时说："我去新西兰是因为我认为它是英语国家里，在较小范围的国土内拥有最好的地理环境的一个国家。后来，我发现夏威夷的考艾岛有更多的东西。但无论如何，新西兰之旅都是一次美妙的经历，那是我一生中最难忘的经历。我们太爱新西兰了。乔西堪为圣人。她可以跟我同行、忍受我的行为。我们在那里度过了一段美好的时光。那真是一次美妙的经历，因为那里不像美国——物质生活如此糜烂。"

罗伯逊对新西兰的热爱逐年增加。他和乔西在那里度过了相当长的时间，因为他有很多项目在那里进行。其中之一是位于布雷特角附近贝壳杉悬崖的度假村和高尔夫球场。这座占地4 800英亩的度假村靠近北岛的马陶里湾，距奥克兰以北有3小时45分钟的车程，可180°欣赏太平洋的美景。很多游客说，到达那个度假村的最佳方式是，"走到地球的尽头，然后再往前走两站"。罗伯逊说，度假村的名字"贝壳杉"源于度假村内的贝壳杉树，那里有古老的参天大树，也有新种植的小树，多达500株。这样做的目的是希望把那片土地恢复到原始森林的状态。他和乔西也已将度假村交给伊丽莎白二世女王国家信托基金来管理。

罗伯逊 1997 年买下该地产作为投资。后来他想到，可以开发这片土地。2001 年 6 月，他在《城镇与乡村》上发表文章说，这笔交易就像"拿一套普通的纽约公寓的价钱购买加利福尼亚州的圆石滩"。

他的第一个目标是与设计师戴维·哈曼合作，建造一个高尔夫球场。哈曼以与阿诺德·帕尔默和杰克·尼克劳斯的合作而闻名，创造了标准的 72 杆贝壳杉悬崖球场。这个球场被《高尔夫周刊》誉为世界上最好的五个球场之一，包括六个海边球洞。罗伯逊的一位朋友 2002 年春天参观过这个球场，他说："这是我于其中打过球的最壮观的球场。每个洞都比下一个更漂亮。真是太神奇了。景色简直令人难以置信。"

球场有四个开球区，从 4 940 码的女士黄色开球区，到 7 125 码的老虎冠军开球区。

黛儿·琼斯说："整个球场很让人分心。一切如此美好，以至于每次你走到开球区之前，你都不知道是该挥杆还是该拍照。"

在这里打球，不需要等待别人开球。度假村一次只对 40 名游客开放。球场远离文明，没有其他地方可以住。罗伯逊夫妇与来自美国和新西兰的建筑师合作建造了这个球场，而且仅用了十个月就完成了。

种植园式的主楼，里面有老虎室，就位于主厅的旁边，那里铺有一张巨大的伊朗老虎地毯（这张地毯曾放在罗伯逊位于曼哈顿的办公室里）。除了主楼之外，还有八幢分布在山脚下的两卧房小屋供客人们选用。

度假村的工作人员由罗伯逊夫妇亲自挑选，其中一些人来自蒂普戴尔，即来自罗伯逊夫妇位于纽约蝗虫谷的高尔夫球场；也有来自新西兰北岛飞钓胜地胡卡度假村的。

罗伯逊还在位于临太平洋的奥克兰东南方200英里（约322千米）处的霍克湾开发了另一个高尔夫球场和度假村，还购买了一家年产3万箱蒂阿瓦葡萄酒的酿酒厂。

他的朋友和长期投资者——A. W. 琼斯公司的博奇总结了罗伯逊在新西兰的所作所为："罗伯逊现在正在使用他在20世纪80年代中期到90年代中期所拥有的精力，专注于建设一流的高尔夫球场，真正在为新西兰打造旅游业。他充满活力，充满想象力，看他行动真是太棒了。"

贝壳杉悬崖球场只是罗伯逊过去几年计划的众多项目中的第一个。他把自己的名字永远铭刻在这个岛国，如同他在世界各地名声远扬。

与新的小虎队合作、开发有趣的房地产项目以及从事各种慈善活动，这些事情对罗伯逊来说在"退休"期间变得轻而易举。这样的事情对罗伯逊来说仍然是非常有益的，也是他非常重视的。与老琼斯一样，罗伯逊也乐于利用自己的财富帮助他人。亚伦·斯特恩说："他对生活有极大的渴望。他是个很有意思的人。一旦你跟他有所接触，他就会对你的生活产生影响。他非常有感染力。从某种意义上说，他展现了人性中一些最积极的品质。"

附　录

老虎基金从一只简单的在岸对冲基金，慢慢发展为一个兼具在岸和离岸投资工具的对冲基金综合体。罗伯逊创造了面向符合条件的购买人与投资人的产品。符合条件的购买人的定义是投资至少为 500 万美元的个人或家庭投资者，以及投资至少为 2 500 万美元的其他实体。符合条件的投资人的定义是最低净资产或与配偶的共同净资产超过 100 万美元，或年收入分别为 20 万美元或 30 万美元的个人。公司提供的产品如下。以下信息直接取自标题为《老虎：记录……原因》的广告。

老虎基金
罗伯逊和麦肯锡于 1980 年推出的第一只基金，是纽约一只有限合伙基金，仅接受符合条件的应税美国投资人的投资。最低投资额为 500 万美元。

美洲豹基金

1980年作为老虎基金的离岸版推出，接受符合条件的美国免税投资人和非美国投资人的投资。最低投资额为500万美元。

美洲狮基金

1986年10月在纽约作为一只面向符合条件的应税美国投资人的有限合伙基金推出，采用与公司旗下所有基金相同的策略，但也使用杠杆并利用流动性较差的私募机会。该基金锁定期为4年，最低投资额为300万美元。

雄狮基金

1997年7月在纽约作为一只有限合伙基金成立，接受符合条件的投资人的投资。它使用与老虎基金相同的策略。最低投资额为500万美元。

美洲豹猫基金

1997年7月推出，以美洲豹基金为蓝本。这是老虎基金和帝杰公司（Donaldson Lufkin & Jenrette）的合作项目，后者担任该基金面向符合条件的投资人的营销和分销代理。

美洲豹猫离岸基金

1997年8月推出，以美洲狮基金为蓝本，为美洲豹猫基金的离岸版，由帝杰公司负责市场推广，接受符合条件的美国免税投资人和非美国投资人的投资。

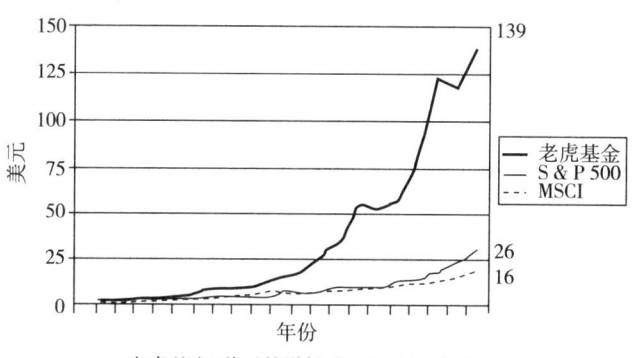

老虎基金1美元的增长（1980-1999年）

资料来源："Tiger: The Record…The Reasons," The Wall Street Journal, www.standardandpoors.com 和 www.MSCI.com。

老虎基金的业绩记录

年份	老虎基金	S&P 500 指数	MSCI 指数
1980	54.9	28.9	21.8
1981	19.4	−4.9	−4.8
1982	42.4	21.5	9.7
1983	46.7	22.6	21.9
1984	20.2	6.3	4.7
1985	51.4	31.7	40.6
1986	16.2	18.7	41.9
1987	−1.4	5.3	16.2
1988	21.6	16.6	23.3
1989	49.9	31.7	16.6
1990	20.5	−3.1	−17.0

续前表

年份	老虎基金	S&P 500 指数	MSCI 指数
1991	45.6	30.5	18.3
1992	26.9	7.6	−5.2
1993	64.4	10.1	22.5
1994	−9.3	1.3	5.1
1995	16.0	37.6	20.7
1996	37.7	23.0	13.5
1997	56.1	33.4	15.8
1998	−3.9	28.6	24.3
1999	19.0	21.04	24.93

资料来源："Tiger：The Record…The Reasons," The Wall Street Journal, www.standardandpoors.com 和 www.MSCI.com。

致　谢

这是一本在全球范围内研究了朱利安·罗伯逊、他的妻子、他的家庭，以及他在社会中的所作所为后集结成的书。很多人对本书做出了贡献，我感谢所有的"猛虎老将"和"小虎队"的成员，还有那些接受过我采访的有心人士。当然了，如果罗伯逊本人不拨出时间来跟我见面，我是无法了解全面的情况的。在此，我也向他表示深深的感谢。

还有两个人，我需要特别表示感谢。一是玮琪·高德曼（Viki Goldman），她是我遇到过的最佳图书管理员；二是山姆·格拉夫（Sam Graff），他有本事把任何一个人写得出彩。如果没有他们的努力、支持和引导，本书可能无法问世。我还需要感谢埃里克·卡鲁尼斯（Erik Calonius），他是驾驭文字的高手，我对他尊敬有加、钦佩不已。乔安娜·罗（Joanna Ro）也是我需要特别感谢的人之一。她校阅了我的初稿，明察秋毫，对我的指导和帮助极大。

我还要感谢约翰·威利父子出版公司的所有员工，特别是帕米拉·凡·吉森（Pamela van Giessen），还有乔安·欧奈尔

(Joan O'Neil),感谢她们给我开了绿灯。她们对我的工作给予了非常多的支持。但愿这本书圆满实现了她们对我的期望。

最后,我要感谢家人对我的理解与支持。

丹尼尔·A. 斯特拉克曼

Julian Robertson：A Tiger in the Land of Bulls and Bears by Daniel A. Strachman

ISBN：9780471323631

Copyright © 2004 by Daniel A. Strachman

All Rights Reserved. This translation published under license. Authorized translation from the English language edition, published by John Wiley & Sons, Inc. No part of this book may be reproduced in any form without the written permission of the original copyright holders.

Copies of this book sold without a Wiley sticker on the cover are unauthorized and illegal.

本书中文简体字版专有翻译出版权由John Wiley & Sons Limited授予中国人民大学出版社。未经许可，不得以任何手段和形式复制或抄袭本书内容。

本书封底贴有Wiley防伪标签，无标签者不得销售。

版权所有，侵犯必究。

图书在版编目（CIP）数据

老虎基金朱利安·罗伯逊／（美）丹尼尔·A. 斯特拉克曼（Daniel A. Strachman）著；艾博译.——北京：中国人民大学出版社，2022.10

书名原文：Julian Robertson：A Tiger in the Land of Bulls and Bears

ISBN 978-7-300-30580-6

Ⅰ. ①老… Ⅱ. ①丹… ②艾… Ⅲ. ①基金—投资—经验—美国 Ⅳ. ①F837.125

中国版本图书馆 CIP 数据核字（2022）第 070321 号

老虎基金朱利安·罗伯逊

[美] 丹尼尔·A. 斯特拉克曼（Daniel A. Strachman） 著
艾 博 译
Laohu Jijin Zhuli'an Luoboxun

出版发行	中国人民大学出版社		
社　　址	北京中关村大街 31 号	邮政编码	100080
电　　话	010-62511242（总编室）	010-62511770（质管部）	
	010-82501766（邮购部）	010-62514148（门市部）	
	010-62515195（发行公司）	010-62515275（盗版举报）	
网　　址	http://www.crup.com.cn		
经　　销	新华书店		
印　　刷	北京联兴盛业印刷股份有限公司		
规　　格	148 mm×210 mm　32 开本	版　次	2022 年 10 月第 1 版
印　　张	8.5　插页 2	印　次	2022 年 10 月第 1 次印刷
字　　数	166 000	定　价	100.00 元

版权所有　侵权必究　印装差错　负责调换

巴菲特幕后智囊：查理·芒格传

【美】珍妮特·洛尔（Janet Lowe） 著

邱舒然 译

国内唯一芒格本人及巴菲特授权传记

股神巴菲特、全球首富比尔·盖茨、迪士尼传奇掌门迈克尔·艾斯纳睿远基金总经理陈光明、金石致远CEO杨天南、东方港湾董事长但斌

———— 倾力推荐 ————

查理·芒格是巴菲特的幕后智囊、杰出的投资思想家、伯克希尔的灵魂人物、51年年复合增长率19.2%的投资奇迹创造者。

本书通过对芒格本人、家人及密友长达三年的近距离了解和访谈，重现了芒格从律师成长为具有深刻洞见的投资家的人生经历，全面展现了芒格的投资和人生智慧，对于投资者来说是不可不读的经典之作，对于普通人来说也是全面提升思维决策水平的必读书。

钱的千年兴衰史
稀释和保卫财富之战
金菁 著

读钱的历史，在不确定的世界做出恰当的财富决策。

高　坚　国家开发银行原副行长
戎志平　中国金融期货交易所原总经理

重磅推荐

荣获"2020 中国好书"、光明书榜、中国新闻出版广电报优秀畅销书榜、百道好书榜、长安街读书会干部学习书单。

　　本书是一部关于钱的简史，从"用什么衡量财富"和"什么才有资格被称为钱"谈起，呈现了利息、杠杆、银行、纸币、债券等我们今天习以为常的金融要素产生的来龙去脉，其间充满了压力、创新、无奈甚至血腥的斗争。本书不仅让我们更了解钱，也通过阅读千年以来财富的稀释和保卫之战，启发读者思考在如今这个充满不确定性的世界，如何做出恰当的财富决策，实现财富的保值增值。